◆燕鸣经管学术前沿系列丛书

国家社会科学基金项目（20CJY048）

教育部人文社会科学基金项目（18YJC790084）

河北省自然科学基金项目（D2020203007）

基于康复性景观理论的康养旅游吸引力研究

李凌雁 赵 欣 李 倩 梁 杰◎著

燕山大学出版社

·秦皇岛·

图书在版编目（CIP）数据

基于康复性景观理论的康养旅游吸引力研究 / 李凌雁等著. —秦皇岛：燕山大学出版社，2023.12

（燕鸣经管学术前沿系列丛书）

ISBN 978-7-5761-0662-6

Ⅰ.①基⋯ Ⅱ.①李⋯ Ⅲ.①旅游保健－旅游业发展－研究－中国 Ⅳ.①F592.3

中国国家版本馆 CIP 数据核字（2024）第 062144 号

基于康复性景观理论的康养旅游吸引力研究
JIYU KANGFUXING JINGGUAN LILUN DE KANGYANG LÜYOU XIYINLI YANJIU

李凌雁 赵 欣 李 倩 梁 杰 著

出 版 人：陈 玉			
责任编辑：张 蕊		策划编辑：张 蕊	
责任印制：吴 波		封面设计：刘馨泽	
出版发行：燕山大学出版社 YANSHAN UNIVERSITY PRESS		电 话：0335-8387555	
地 址：河北省秦皇岛市河北大街西段 438 号		邮政编码：066004	
印 刷：廊坊市印艺阁数字科技有限公司		经 销：全国新华书店	

开 本：710 mm×1000 mm 1/16		印 张：11.75	
版 次：2023 年 12 月第 1 版		印 次：2023 年 12 月第 1 次印刷	
书 号：ISBN 978-7-5761-0662-6		字 数：205 千字	
定 价：52.00 元			

前　言

随着居民生活水平的提升和健康意识的增强，国家和个人愈加重视个体身心的全面健康发展，康养旅游迎来了新的发展机遇。2021 年第七次全国人口普查公报数据显示，60 岁及以上人口为 2.64 亿，占我国总人口的 18.70%，与 2010 年第六次全国人口普查相比，60 岁及以上人口的比重上升 5.44 个百分点，我国已步入老龄化社会阶段。由于快节奏的社会环境和生活压力，我国 70% 的人群处于亚健康状态。全民健康需求愈加旺盛，为康养旅游产业提供了巨大的市场空间。

在实施健康中国战略背景下，国家大力推进全民健康发展，通过出台大量政策给予康养旅游引导与支持。2016 年，中共中央、国务院印发了《"健康中国 2030"规划纲要》，同年原国家旅游局推出了《国家康养旅游示范基地标准》，专门指导康养旅游的发展建设。2017 年，国家卫生计生委等 5 部门联合印发《关于促进健康旅游发展的指导意见》，对于健康旅游的发展具有重要指导意义。2018 年，中央一号文件提出建设服务设施完备、功能多样化的康养基地。2019 年 6 月，国家卫生健康委制定《健康中国行动（2019—2030 年）》发展战略。2019 年，国家发展改革委等 21 部门制定《促进健康产业高质量发展行动纲要（2019—2022 年）》，提出提高健康养老质量、推进医体融合、示范发展健康旅游。2021 年国家文化和旅游局印发的《"十四五"文化和旅游发展规划》提出"发展康养旅游"和"老年旅游"，推动康养旅游示范基地建设，提升老年旅游产品和服务质量。党的二十大报告提出推进健康中国建设，把保障人民健康放在优先发展的战略位置，完善人民健康促进政策。众多指导和促进康养旅游发展的政策纷纷颁布实施，为我国康养旅游的发展指明了方向、树立了信心。

国家经济的快速发展、人民生活水平的提高和需求层次的变化，使得康养产业得到了迅猛发展。以良好的物质条件为基础，通过旅游这种休闲放松的方式，来实现身心愉悦和身心健康的康养旅游形式为越来越多的人所接受。康养旅游是一种以健康为主要目的的旅游形式，康复性景观对健康的积极作用，能够对康养旅游者产生较大的吸引力。因此，康复性景观理论能够对康养旅游吸引力的衡量和评价起到支撑作用。本书基于康复性景观理论构建康养旅游吸引力的评价指标体系，对康养旅游吸引力进行分析，在对康养旅游吸引力的时间演变以及空间演变进行研究的基础上，利用地理探测器模型分析长江经济带康养旅游吸引力的因子解释力。同时，深入把握康养旅游吸引力的动态演变，制定康养旅游吸引力的优化策略。另外，探究供给侧的主要利益相关者的支持行为在提升康养旅游吸引力中发挥的关键作用，从而更好地促进利益相关者支持康养旅游的发展，并对提升康养旅游吸引力的主要利益相关者提出针对性对策建议，为提升区域康养旅游吸引力、实现康养旅游高质量发展提供一定理论和决策参考。

全书共分为7个部分，结构如下：

第1章：康养旅游吸引力研究现状。主要论述康养旅游的研究背景、研究意义和研究发展。

第2章：康养旅游吸引力研究理论基础。主要论述本书研究所涉及的相关概念和理论。

第3章：康养旅游吸引力评价。从环境吸引力、社会吸引力、符号吸引力3个方面构建康养旅游吸引力评价理论模型和指标体系，并进行康养旅游吸引力指数水平测评。

第4章：康养旅游吸引力时空演变分析。利用探索性时空数据分析方法、泰尔指数、重心模型等，对康养旅游吸引力的空间格局和空间演变进行分析。

第5章：康养旅游吸引力因子解释分析。利用地理探测器对康养旅游吸引力的影响因素进行分析。根据各影响因素的解释度分析12个影响因子对康养旅游吸引力的影响程度，并将影响因子划分为主要和次要影响因子进行分级探讨。

第6章：康养旅游目的地主要利益相关者支持行为分析。基于康养旅游吸引力分析，进一步探究康养旅游目的地主要利益相关者支持行为，分析如何更好地促进利益相关者共同提升康养旅游目的地吸引力。构建研究假设、理论分析模型、设计量表等，通过问卷调查获取数据，对数据进行信效度检验以及假设验证，探究利益相关者支持行为的主要影响因素。

第7章：康养旅游吸引力提升策略。根据上述分析结果，为康养旅游的高质量发展、吸引力提升提供针对性的对策建议。

技术路线图如图 0-1 所示。

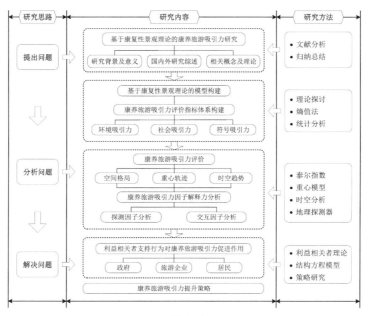

图 0-1 技术路线图

康养旅游作为旅游业的新兴业态，市场前景广阔，得到了国家大力支持。在此背景下，本书结合康养旅游发展现状以及存在的主要问题，通过研究梳理，识别当前康养旅游研究的薄弱环节，探索康养旅游发展亟须解决的康养旅游吸引力提升问题。构建理论分析模型及量化评价指标，对康养旅游吸引力的重要作用因子和综合吸引力进行了定量测评，并进一步探究了各因子的空间解释力，进而探讨各利益相关者对康养旅游吸引力提升的支持行为和重要作用。同时，基于定性和定量分析结果，为康养旅游吸引力的提升提供了对策建议。

本书的出版得到了河北省自然科学基金项目（D2020203007）、国家社会科学基金项目（20CJY048）、教育部人文社会科学基金项目（18YJC790084）、燕山大学经济管理学院学术著作出版项目的资助，同时也得到了燕山大学的大力支持和同行们的诸多帮助。本书参考了众多国内外专家学者的相关著作、教材、论文等研究成果（均已列入本书参考文献中），在此一并表示衷心的感谢和崇高的敬意！正是有了众多学者的共同努力，才有了旅游业的不断提质升级，才有了旅游管理专业的高质量发展，也才有了本书的出版问世。希望未来有更多的学者关注康养旅游的发展和旅游产业的转型升级。本书存在的不足之处，敬请广大读者批评指正。

目　　录

第 1 章 康养旅游吸引力研究现状

1.1 康养旅游发展背景

2016 年 1 月《国家康养旅游示范基地标准》的颁布，使得康养旅游产业得到人们的广泛关注，"健康 + 旅游"这一新型的旅游模式开始进入大众视野。之后国务院发布的《"健康中国 2030"规划纲要》中明确指出："积极促进健康与养老、旅游、互联网、健身休闲、食品融合，催生健康新产业、新业态、新模式。"《中华人民共和国国民经济和社会发展第十四个五年规划和 2035 年远景目标纲要》中提到，要加快发展健康、养老、文化、旅游等服务业，同时还指出，要全面推进健康中国建设。在国家愈加重视现代服务产业升级和健康产业发展的背景之下，康养旅游成为旅游业和健康产业有效融合的载体，康养旅游迎来了新的发展机遇，未来将迸发新的生机。

人口老龄化已经成为当前社会面临的严峻问题，不仅会影响社会和经济发展，还会对经济活力和增长效率产生一定的负面影响。党的二十大报告指出，要推进健康中国建设，实施积极应对人口老龄化国家战略，发展养老事业和养老产业。人口老龄化程度的加深、老龄人口数目的增多推动了健康产业的发展。康养旅游产业作为新兴的旅游发展模式，能够满足广大老年人群体对旅游和健康的双重需求。

此外，伴随着城市的迅速发展，快节奏的生活方式、高密度的城市人居环境以及高压力的学习工作模式，使得越来越多的人处于亚健康状态，各年龄段的人群均越来越意识到健康的重要性，这促使人们对健康越来越关注，对于健康环境愈加重视，并更加迫切地寻求健康养生资源。人们希望找到具有疗愈功能的优质环境，以释放压力、康复疗养、休闲娱乐，开展对身心健康有益的活动。新冠疫情对旅游产业的发展产生了巨大的冲击，给大众的身心健康也带来了巨大的压力，健康环境的重要性愈发凸显。人们迫切希望前往具有康复价值的优质环境进行旅游活动，或者进行康复疗养活动，这对旅游目的地吸引力的提升提出了新的要求。

康养旅游作为旅游产业的新兴业态，在提高人们幸福指数、恢复身体和精神的良好状态方面起到重要作用，而康养旅游目的地等具有健康恢复和疗养作用的要素正是支撑这些重要作用的关键，也是对旅游者形成康养旅游吸引力的重要因素。对于康养旅游吸引力的研究有助于旅游目的地有针对性地提升自身康养旅游发展水平，在更大区域范围内发挥特色、协调发展。但目前从学科理论和产业实践来看，对康养旅游吸引力的研究尚不完善，缺乏系统的理论构建和定量研究。探明康养旅游吸引力构成体系对于康养旅游研究框架的完善具有重要的理论价值。同时，康复性景观理论作为研究健康与环境之间相互关系的重要理论，在旅游领域应用较少。康复性景观作为康养旅游追求的健康环境，对人们的身体和心理具有显著的健康促进效应，能够满足人们对于康养旅游目的地的需求，因此，康复性景观理论能够为康养旅游吸引力的衡量和评价提供有力的理论支撑。

此外，康养旅游的发展离不开政策、人才、资金、技术的支持，仅仅靠一个组织或个体很难完成其开发、建设和运营，需要政府、经营者、居民和旅游者，以及一些非政府组织（如行业协会）等多维度主体的共同参与，才能形成合力，共同推动康养旅游的发展。因此，康养旅游的可持续发展和吸引力的提升离不开各利益相关者的支持，尤其是供给侧方面的主体发挥了重要作用，包括政府、企业、居民等。政府是康养旅游发展规则的制定者和监督者，在康养旅游发展过程中起到引导、管理和监督作用。其在规范旅游企业的经营、营造良好的康养旅游环境、宣传康养旅游项目方面起到重要作用。

旅游企业是康养旅游服务的建设者、提供者和推广者，旅游企业的行为是提升康养旅游吸引力的重要因素。当地居民是康养旅游开发的参与者和目的地吸引物的重要组成部分，并且还可以作为基层经营者的一部分提供康养旅游服务，与游客密切接触，因此，当地居民对康养旅游发展的态度、好客程度以及提供服务的质量都影响了游客对康养旅游目的地的整体印象。因此，当地居民也是康养旅游目的地提升吸引力的重要主体。同时，当地居民也承担康养旅游发展带来的积极和消极影响。当地居民对康养旅游的支持态度会直接影响当地康养旅游的可持续发展。在康养旅游发展过程中，各利益主体的诉求不尽相同，容易产生利益冲突，从而影响康养旅游的发展。因此，构建多利益主体共同参与、共同决策、相互制约且和谐共赢的平衡发展模式对康养旅游目的地吸引力的提升也尤为重要。

现阶段关于康养旅游的研究还处于起步阶段，多围绕产业发展模式、发展战略、康养旅游资源空间分布、旅游者需求等方面进行研究，缺乏各利益相关者主体行为对康养旅游吸引力影响方面的研究。因此，本书首先基于康复性景观理论构建康养旅游吸引力的评价指标体系，对康养旅游吸引力进行定量测评，并深入分析其因素解释力；其次，结合利益相关者理论，分别讨论供给侧主体（政府、旅游企业、居民）支持行为对康养旅游吸引力提升的作用，为康养旅游吸引力提升提供理论和决策参考。

1.2 康养旅游吸引力研究的意义

1.2.1 理论意义

（1）将康复性景观理论引入康养旅游吸引力研究中，加强康养旅游研究理论构建。康复性景观理论能够为康养吸引力的测度和评价提供有力支撑，但现阶段康复性景观理论多用于城市景观规划以及对健康与环境之间的相互关系的研究，应用于康养旅游领域的相对较少。因此，本书将康复性景观理论引入康养旅游的研究之中，有力支撑目的地康养旅游吸引力的定量研究。

（2）构建和完善康养旅游吸引力的评价体系。康养旅游属于新兴产业，相关的理论研究尚处于初级阶段。现阶段对于康养旅游吸引力的研究相对较少，同时相关评价指标体系也不够完善，因此本书基于康复性景观理论，构建康养旅游吸引力的评价模型和具体的量化指标体系，为完善康养旅游吸引力研究提供一定的依据。

（3）拓展康养旅游利益相关者研究视角。康养旅游目的地利益相关者的支持对于提升康养旅游吸引力具有重要作用，但目前有关研究多针对旅游者需求进行，从供给侧方面出发，针对康养旅游利益相关者支持行为的研究较为缺乏，尤其是对社区居民等相对弱势的利益相关者较为忽视，而目的地居民的支持和参与对于提升旅游者的体验和康养旅游高质量发展起到了至关重要的作用。因此，本书从供给侧利益相关者角度入手，探究康养旅游发展的支持行为，以更好地促进康养旅游目的地吸引力的提升。

1.2.2 现实意义

（1）指导地方康养旅游产业发展，提升康养旅游吸引力。伴随着康养旅游的不断发展，越来越多的人开始关注和参与康养旅游，但是由于理论研究的匮乏，如何有效提升目的地康养旅游的吸引力仍然缺乏有效的理论支撑。本书通过完善理论框架、构建康养旅游吸引力评价模型，并对典型案例进行康养旅游吸引力的定量测评和分析，能够有效帮助旅游目的地了解自身康养旅游发展的优势和劣势，为康养旅游吸引力的提升提供针对性的优化对策。

（2）完善城市规划与建设，帮助旅游目的地打造康养环境。康复性景观理论多应用于城市景观设计以及生态规划研究等方面，应用该理论能够深入分析环境与健康、环境与康养产业发展之间的相互作用关系。基于康复性景观理论的康养旅游吸引力研究，能够帮助旅游目的地优化城市规划和景观设计，打造良好的康养环境。

（3）推动康养旅游协调可持续发展。生态、文化、经济、政治等各方面的差异，会导致不同区域康养旅游发展的失衡，这对于实现康养旅游的协调发展是不利的。因此本书通过对康养旅游发展驱动力的研究，以及对利益相关者支持行为的探究，针对性地为政府和企业等主体提出优化发展对策，指导康养旅游产业发展实践，激发康养旅游支持行为，促进康养旅游均衡、可持续发展。

1.3 康养旅游吸引力相关研究进展

1.3.1 国外康养旅游吸引力相关研究动态

1.3.1.1 康养旅游研究

伴随着人们生活水平的不断提高、社会经济和生活方式的改变，以及生活节奏的加快和学习工作压力的提升，旅游消费者开始更加关注旅行过程中的健康需求。旅游目的地的管理者发现，将健康和福祉纳入旅游建设，可以在旅游活动过程中有效促进旅游者的身心健康、有效推动旅游产业的发展，因此康养旅游业受到越来越多人的欢迎。国外对康养旅游没有明确的定义，主要包含森林旅游、温泉旅游、医疗旅游、养生旅游以及健康旅游等多种旅游类型。康养旅游作为近些年新兴的旅游业，不仅对热衷于追求健康和养生的旅游者具有吸引力，也对追求休闲放松和文化体验的消费者极具吸引力。

国外康养旅游研究主要包括康养旅游资源的空间规划与保护管理、游客感知、康养旅游可持续发展以及康养旅游功能等方面的研究。良好的物候条件是康养旅游发展的基础，因此康养旅游的资源规划与保护尤为重要。在关于康养旅游业定量评估的研究中，众多学者融合了不同学科领域的多种方法，其中，采用多准则决策模型来进行适宜性评估的较多。Pan X. M. 等（2019）对多位学者的研究方法进行回顾，梳理了多准则决策法（MCDM）、德尔菲法（Delphi）、层次分析法（AHP）和网络分析法（ANP）等研究方法，并进一步采用网络分析法和德尔菲法相结合的方式建立了山地健康旅游空间适宜性评价体系，拓展了此研究领域。Buyukozkan G.（2021）首次采用 SWOT 分析和综合犹豫模糊语言相结合的方法，来选择健康旅游发展最佳战略。还有学者采用遥感技术和 GIS 等地理信息技术以及标准的测量方法探索环境指标和发展现状，对康养生态环境发展适宜性和承载力进行评估，以减少对康养旅游环境的影响。康养旅游游客感知研究主要涉及游客风险感知和出游动机两方面。感知风险维度包括探索体育类、冒险类的康养旅游活动以及康养旅游资源环境中的风险因素等，并提出降低风险的策略。Adam I.（2015）基于问卷调查，确定了背包客感知风险的六个维度（预期、身体、健康、财务、政治和社会心理风险），分析了感知风险产生的决定因素，并提出了降低风险策略。动机和参与度被认为是决定游客目的地选择的重要因素，有利于帮助旅游经营者进行市场细分和营销。在康养游客出游动机方面，学者们多采用问卷调查法探索游客进行康养旅游活动的动机。其中，老年群体是重点研究对象。随着人口老龄化的加剧，解决老年人身心健康问题已经成为一项重要议题。

此外，还有部分学者关注康养旅游可持续发展这一研究领域。提升整体竞争力、促进利益相关者合作、提升游客满意度和信任感等是目前研究人员关注的焦点，通过探索目的地属性和资源禀赋，识别可持续发展的优势和机遇，能够有效提升竞争力，实现康养旅游的开发与营销效果。部分学者基于合作视角对康养旅游可持续发展进行研究，认为各利益相关者的合作与沟通将为康养旅游可持续发展提供便利条件。其中包括康养旅游促进者（酒店、旅行社、旅游信息中心、康养旅游规划师、领事馆等）和参与者的联合行动与交流、政府与企业相关组织的合作等。游客满意度和信任感是建立游客忠诚度、促进康养旅游企业营销与可持续发展的重要因素之一。此研究主题下，学者们多采用问卷、访谈等方式，探索康养旅游目的地（企业）属性对游客满意度、信任感的影响。Han H. 等（2015）通过探究医疗服务质量、员工和医疗诊所受信任程度、价格合理性、游客满意度等维度，探索了旅游者的重游意向。Han H.（2018）又通过增添服务绩效维度，创新了满意度、情感体验和忠诚度之间的关系研究，为管理者制定营销策略提供参考。Kosaka Makot 等人对柬埔寨 COVID-19 对医疗旅游所造成影响的经验和教训进行了反思，提出了医疗旅游发展在疫情中面临的主要问题。在可持续发展的过程中，要保持新鲜生命力，就要注重市场需求、产业供给、基础设施、外部环境四个方面的创新与改革在康养旅游可持续发展过程中的作用。

在康养旅游功能研究方面，舒缓压力是重点内容之一。现有研究多基于自然景观，采用实验和问卷的研究方法，探究和证实自然景观对游客的压力舒缓作用以及放松效果。Ohe Y. 等（2017）运用实验法从多学科角度证实了森林疗法对游客生理和心理上的健康促进效果。Yang B. 等（2018）采用实验法和问卷法探讨了温泉浴疗对亚健康人群精神压力、睡眠障碍、一般健康问题和女性健康问题的缓解作用。还有学者提出了其他不同的功能维度。Henderson-Wilson C. 等（2017）通过问卷和访谈法评估了人们在公园中获得的健康感知和福利效益，包括身体、心理（精神）和社会健康效益等。Qingfang Zhang 等（2021）基于康复性景观理论和 REPLACE 框架，从物理景观、社会景观和象征景观三个方面对季节性养老的效益进行了评估。一些学者还对旅游和健康之间的相互关系进行了研究。Maksim Godovykh 等研究了旅游产业发展过程与居民健康之间的相互关系。Philippa Hunter-Jones 等人提出，旅游体验过程中的情感、信息、环境及其疗养性、恢复性都能对绝症患者起到一定的积极作用。Ao Fei 等人研究了旅游和幸福感之间的相互作用，认为旅游过程中获得的体验、情感、主动性都能够提升游客的幸福感。还有研究将医疗和森林结合起来，相继提出了森林医学和森林疗法等概念，现阶段对于森林疗法的研究多集中于对解决人们的身体和心理问题的关注。研究表明，亚健康人群和患病人群在森林环境中能够更好地恢复。一些学者发现，在森林漫步和享受森林浴对于糖尿病患者有很好的治疗效果。此外，还有学者通过对森林浴健康效益的系统评价，得出森林环境对降低血压的效果相比于非森林环境更加显著的结论。

1.3.1.2 康养旅游发展影响研究

部分学者针对康养旅游发展的各类影响因素及其为目的地带来的影响进行探究。Kamal Rahmani 表示，旅游业对于提高福祉和幸福感具有积极作用。Brent Lovelock 等人研究了新西兰牙科医疗旅游发展对旅游目的地的影响，Lila Skountridaki 则是研究了医疗旅游发展对医疗专业人员的影响。还有一些学者对医疗旅游发展的影响因素展开了分析，Lo Huai-Wei 等人利用 DEMATEL-Fuzzy TOPSIS 模型对马来西亚医疗旅游的影响因素进行了分析，并表示人力和技术是影响医疗旅游最为重要的因素。Momeni Khalil 等人则对医疗旅游的障碍因子进行了分析，表示营销、管理、政策、文化是影响伊朗医疗旅游发展的主要障碍因素。Abubakar Mohammed 等人分析了在线口碑对于人们对医疗旅游目的地的信任和旅游意愿的影响。

关于森林环境对于健康养生及康养旅游发展的影响也有较为丰富的研究。

森林康养发展由来已久，最先起源于德国，巴登·威利斯赫恩镇于 20 世纪创立了世界上第一个森林浴基地，森林康养由此出现。日本学者将森林浴译为"Shinrin-yoku"，并对其功效展开研究，通过生理实验来探索森林环境及其释放的各种元素对人们的生理健康的促进作用。之后森林治疗还被用于亚健康人群心理疾病的恢复。森林环境被证明对于舒缓年轻人的压力和缓解焦虑具有积极作用，还有研究发现森林沐浴和自然疗法对于控制焦虑症的作用大于控制抑郁症的作用。一些研究者将森林环境与艺术疗法相结合，探究解决亚健康人群的心理健康问题的途径。研究表明，森林沐浴在短期内能够显著影响皮质醇水平，从而减轻压力。森林环境不仅对人的身体和心理健康有积极作用，同时还能够提升人们的幸福感。

1.3.1.3 康复性景观理论研究

康复性景观理论是由 Gesle 在 1992 年提出的，这一理论系统地阐释了健康与环境之间的关系，被越来越多地应用于调节环境对健康的影响作用。Gesle 提出康复性景观包含物理、社会、环境三个维度。基于这一理论，环境对健康的作用不再局限于治疗生理和精神疾病方面，同时还能增加健康人群的福祉、提升其幸福感。国外对康复性景观理论的研究多基于旅游目的地环境对健康的影响，很多学者针对蓝色空间、绿色空间、白色空间等健康环境对人体健康的影响作用进行了深入研究。康复性景观对生理健康和心理健康的积极作用，被广泛应用于健康旅游以及医疗旅游之中。随着人们对健康需求的不断增强，康复性景观的研究范畴不再局限于解决身体和心理的疾病问题，而是更加关注康养旅游目的地环境条件对福祉的影响作用。一部分学者还针对康养旅游目的地康复性景观对各种疾病的影响作用进行研究，如Simone Fullagar 等人研究了康复性景观对孕妇产后抑郁症的治疗作用。

国外学者除了研究康养旅游目的地自然环境对健康的影响外，还对康养旅游目的地社会环境对健康的作用进行了研究。Rahena Mossabir 对康养旅游目的地日常环境中的康复性景观的健康作用进行分析，得出社会、文化、政治和经济等作为日常生活的一部分，都可以作为康复性景观的内容，对人们的健康和福祉产生作用。医疗旅游、养老旅游就是依托环境对健康的积极作用，帮助老人、孕妇、慢性疾病以及精神病患者在健康的环境中进行康复治疗和保健保养的旅游形式。Mark S. 等将康复性景观理论应用于旅游酒店以及景区的设计之中，如酒店、温泉、疗养院以及精神治疗所的设计等方面。Robin Kearns 研究了康养旅游目的地与康复性景观之间的相互关系，提出要将康复性景观理论应用于康养旅游目的地的健康发展之中。Qingfang Zhang 则分析了康复性景观中的环境、社会以及象征符号对养老旅游的影响作用。

1.3.1.4 旅游吸引力研究

旅游吸引力是目的地关注的重要内容，众多学者结合定性和定量分析方法，为目的地提升吸引力水平提供了理论和决策参考，但其中针对康养旅游吸引力的研究则十分缺乏。Anne-Marie 对旅游目的地吸引力的影响因素进行了分析，认为旅游地社会状态、旅游业的发展都能够对提升旅游吸引力产生一定积极作用。Yoon Ahyoung 等人从游客感知的角度出发，分析了旅游目的地吸引力与游客感知价值及重游意向之间的相互关系。还有学者针对不同情境下的旅游吸引力进行了具体分析与评估。Pike Steven 对长途旅游过程中的中转地的旅游吸引力进行分析，从多个方面分析了中转地旅游吸引力的影响因素。部分学者分析了旅游吸引力所发挥的作用，如 Jens Kr 分析了旅游目的地热点拥挤以及过度旅游过程中，旅游吸引力产生的各方面作用。还有一些学者对旅游吸引力与其他旅游因素之间的相互关系进行了分析，如 Maria Francesca Cracolic 对旅游吸引力与旅游竞争力之间的相互关系进行了探讨。旅游吸引力受到多种维度因素的影响，这些因素决定了旅游者对于旅游目的地的选择，因此，了解旅游吸引力对分析游客旅游目的地的选择至关重要。国外一些学者针对旅游目的地吸引力的多个方面展开分析，Thanin Sangkhaduang、Mussalam G. Q. 等人都对其展开了探究，在相关研究中主要涉及自然景观、人文景观、旅游服务设施等方面的内容。此研究阐释了康养旅游目的地所需要的环境条件。

1.3.1.5 利益相关者支持行为对吸引力的促进作用研究

一些学者关注到了旅游产业发展中涉及的各类利益相关者的诉求及其相互作用关系，认为利益相关者的支持行为对于旅游产业的高质量发展至关重要。Bogan 等（2017）认为，旅游目的地吸引力的提升不仅需要加大资金的投入力度，还需要居民、企业、管理机构等各方利益相关者之间的合作，以及开发合适的旅游资源。Anne-Marie 对旅游目的地吸引力的影响因素进行了分析，表示旅游吸引力受旅游者主观情感的影响，同时旅游地社会状态、旅游业的发展等都能够对提升旅游吸引力产生一定积极作用。旅游目的地利益相关者是旅游发展的重要推动者，各利益主体的态度、行为必定会影响旅游目的地的发展状态，从而影响目的地的旅游吸引力。旅游吸引力的提升涉及供给和需求两个方面。供给方面关注旅游目的地是否能够为旅游者提供旅游活动所需资源和环境的能力，需求方面则主要关注的是游客在旅游过程中的各项需求是否能够得到满足。旅游吸引力的提升很大程度上取决于旅游目的地供给的改善，即旅游目的地为旅游者提供的所需资源和环境的改善。因此关于供给侧利益相关者行为对旅游吸引力的促进研究尤为重要。国外关于此方面的研究主要从政府、旅游企业、居民等利益主体入手。

（1）政府支持行为对旅游吸引力的促进作用

康养旅游建设离不开政府的参与。政府应明确自身的定位，正确发挥引导、协调、服务、监督等功能，在资金、技术和人才上给予足够的支持，并结合现状解决康养旅游发展中存在的基础设施落后、资金不足等问题，促进康养旅游的健康发展。政府在优化空间布局、整合资源要素、构建科学保护体系、健全旅游基础设施和公共服务体系、建设旅游信用体系、健全旅游市场综合监管机制方面具有重要作用。在政策和立法方面，国外政府往往采用公开听证会、咨询委员会和调查等方式，提高利益相关者的参与程度。Gibb M.（2007）认为在建设小城镇初期，政府要对自己的功能有清晰的认知，积极地对城镇进行规划，描绘发展蓝图，通过政策引导、财政支持、制度监督、协调多元主体共同参与等方式，来完善城镇的公共服务，提升旅游吸引力。Maude（1985）了解到英国地方政府参与乡村旅游开发、优化投资环境、提供资金和政策支持、吸引旅游企业入驻、协作完成乡村旅游项目的建设和开发，并给予市场监督和管理，为当地乡村旅游发展带来了经济和社会方面的积极影响，从而提升了旅游吸引力。

（2）旅游企业支持行为对旅游吸引力的促进作用

旅游目的地能够满足游客需求的程度越高，就越能够吸引游客。旅游目的地的吸引力反映了目的地知名度以及对旅游需求侧的吸引力和影响力，体现了旅游者对于目的地的形象以及产品的感知程度和消费需求。旅游企业作为目的地旅游资源、服务、产品的重要经营管理者，在当地文旅资源的开发和相关产品的创新设计中发挥着重要作用。因此，深度分析旅游企业对目的地旅游吸引力提升的重要影响作用十分有必要，有利于促进旅游业快速高质量发展。国外旅游企业支持行为对旅游吸引力的促进作用多体现在产业融合、品牌建设、营销体系构建等方面。通过提升信息技术水平、丰富文娱活动、促进游客充分参与等，提升游客对旅游目的地的认可程度，助力旅游产业升级。与其他产业的深度融合，能够在潜移默化中提高当地旅游业的影响力，使游客对旅游景点的关注程度提高。还有旅游企业对自身的营销体系进行调整与优化，形成线上营销与线下营销的充分联动，促进旅游吸引力的提升。

（3）居民支持行为对旅游吸引力的促进作用

Melanie（2004）认为，在建设特色城镇时，要确立"以人为本"的理念，在政策制定和管理上都要顾及市民的权益，要让多方力量都能积极地参与旅游建设，鼓励社会各界共同参与。居民作为旅游目的地发展不可分割的一部分，在旅游发展过程中扮演着服务提供者、政策决策参与者、旅游影响的承担者等重要角色，同时也是潜在的消费者。他们与游客密切互动，与旅游吸引力的提升具有直接关系。但往往由于居民群体在旅游经营中处于较为弱势的地位，尤其在康养旅游发展过程中常处于边缘地位，或承担一定的负面影响，因而会导致居民的口碑宣传、消费参与等支持行为的减少。因此，要想提升旅游目的地吸引力，还需处理好与居民的关系，获得社区居民的支持。国外关于居民旅游支持行为的研究已有一定基础。相关研究表示，居民针对旅游发展的态度以及支持行为会受到理性和非理性层面的影响。理性层面表现为对收益的权衡，非理性层面表现为源自人地关系的情感因素的影响。目前的研究结合管理学、心理学等多学科理论，多采用问卷调查法和结构方程模型相结合的方法。从居民感知角度，包括旅游影响感知、公正感知、情感等方面探索居民对旅游目的地的支持行为和参与意愿，可以创造更加良好的旅游环境、氛围，从而提升目的地旅游吸引力。

（4）利益相关者合作研究与利益平衡

研究人员一致认为利益相关者的合作对旅游发展至关重要，旅游业的可持续发展取决于利益相关者之间的合作共赢。Julie Nyanjom（2018）运用质性研究方法对无障碍旅游发展中利益相关者的合作关系进行了探讨，认为利益相关者合作过程应遵循合理控制和协调、有效沟通、明晰角色和职责、整合协作等原则。Xiao Long Ma（2020）探讨了乡村旅游土地征用中政府、居民和开发商等利益相关者之间的关系，运用社会行动理论和生长机器理论揭示利益相关者之间的复杂关系和内在机制。在影响利益相关者合作的因素方面，由于利益相关者的异质性和多样性，不同的利益相关者持有不同的观点和立场。研究表明，利益相关者的参与程度会根据他们的主要诉求和赋权水平而变化，权力和利益是影响利益相关者合作的重要因素。

1.3.1.6 旅游影响感知研究

20世纪60年代，国外开始有学者研究旅游影响感知相关问题，并引起了旅游地理学、旅游社会学等相关学科的重视。20世纪70年代以后，旅游影响感知的研究更加细化，延伸到了经济、社会、文化、旅游环境等不同方面的感知研究，并将其划分为正面积极（获益）影响感知和负面消极（成本）影响感知等不同维度进行分析。同时，国外学者也注意到了不同利益相关者群体对旅游影响的感知，以及通过研究利益相关者的感知差异，探索解决策略，促进旅游业可持续发展。Chen JSS（2021）针对居民、游客、酒店、旅游运营、餐馆、旅游信息中心和在旅游规划机构工作的旅游专业人士进行旅游影响感知研究，研究发现经济影响不一定是主要的利益感知，社会因素等影响也受到广泛关注。Kuvan Y.（2012）探索了居民和企业管理者对旅游影响的态度差异。利益相关者的容忍限度将决定旅游影响的规模和方向。还有学者从单一的旅游利益相关者角度进行了旅游影响感知探索。Shaaban I.（2010）研究了埃及政策制定者和旅游管理者关于气候变化对埃及旅游业潜在影响的看法，以及他们应对此类影响的政策和行动计划。Prayag G.（2010）评估了酒店经营者关于酒店发展对旅游业影响的看法。由于居民在旅游发展过程中的弱势地位受到越来越多的关注，国外居民视角的旅游影响感知研究也不断丰富。Ap. J.（1992）在研究中指出，旅游项目规划开发、营销和运营等环节必须考虑居民的旅游影响感知和态度因素。研究发现，居民的旅游影响感知影响居民对旅游发展的态度，当感知收益大于感知成本时，居民表现出积极的认同、支持；反之，可能表现出冷漠甚至抵抗。Cheng-Yu 等（2019）利用结构方程模型分析渔岛居民经济效益感知与支持旅游发展的关系，结果表明，海岛居民经济效益感知对支持当地旅游的可持续发展具有积极的影响，而社会成本感知并不会影响其对可持续发展的支持。Lee（2013）以慈姑湿地居民为研究对象，评估旅游影响感知对旅游发展的支持程度。研究表明，获益感知会影响社区依恋和社区参与旅游发展支持之间的关系。旅游开发给社区带来积极和消极效应，影响了社区满足居民需要的能力，进而影响到居民对于社区的认同感。基于文献回顾可知，旅游影响感知对利益相关者情感和支持态度会产生密切影响，居民的旅游影响感知对于旅游地可持续发展研究具有重要作用。

1.3.1.7 感知公平理论研究

感知公平理论（equity theory）由 Adams 于 1965 年提出。组织行为学研究通常运用公平理论来解释员工行为。研究发现，企业内员工公平感知以及企业与员工之间的关系会影响员工的行为。公平理论在许多学科和领域得到证实和应用，并产生了特定情景下的公平理论，包括组织公平理论、服务公平理论等。目前，学者多运用公平理论评价个体的公平主观感受，提出感知公平概念。近年来，大量学者应用感知公平理论来解释旅游者行为，并得到了实证研究的支持。Kim 等证实了酒店顾客满意度受到服务公平（程序公平、分配公平和互动公平）的影响，程序公平、分配公平、互动公平均对酒店顾客满意度具有显著的正向影响。Hutchinson 等发现，在高尔夫旅游情境下，服务公平性同样正向影响旅游者满意度。在遗产地旅游研究情境下，Su 和 Hsu 通过研究证实了旅游者的公平感知是旅游者满意度的重要前因变量。以上学者的研究为感知公平理论在旅游情境下应用的可行性和合理性提供了依据。旅游地包含政府、旅游企业、居民、旅游者、投资商等众多利益相关者，是一个复杂系统。居民作为旅游地重要利益相关者之一，直接或间接参与当地旅游发展相关工作，其与社区之间的关系及其在旅游发展过程中的公平感知会影响相关支持行为。目前，国外旅游目的地公平感知研究大多是关于游客感知在旅游企业中的应用，将感知公平理论与康养旅游目的地相结合的研究还比较少。

1.3.1.8 旅游支持行为影响因素研究

在早期研究中，国外学者多关注旅游发展不同阶段利益相关者对旅游业的支持态度。Doxey（1975）和 Bulter（1980）在研究中发现，在旅游目的地不同的发展阶段，居民对当地旅游发展的态度也不同，某些消极影响会出现在发展成熟阶段以后。但 Roger（2003）也提出了质疑，认为旅游淡旺季均会影响居民认知和支持行为。部分学者通过统计分析的方法，探索不同特征利益相关者的旅游产业发展支持行为的影响因素，包括是否从事旅游经营活动、距离旅游区的远近以及相关人口统计学特征等。部分学者也注意到政府政策对利益相关者旅游支持行为的影响：政府对旅游经营者进行行政管理、提供政策支持和基础设施等，协调利益相关者关系，保障各利益主体受到公平对待，并且在危机管理过程中发挥重要作用。旅游企业支持行为方面，学者们多关注旅游产业发展，探索影响旅游产业发展的主要影响因素，从而支持当地旅游的可持续发展。

1.3.1.9 主动健康相关研究

主动健康理念和行为是改善个体健康状况的一个重要因素。国外学者认为，主动健康是人们为了预防疾病、保持身心健康、提高生活质量而采取的积极行动，同时也是一种生活信念。目前，国外学者多将主动健康应用于社会学背景下的健康医学、体育学研究情境中，与人口老龄化社会问题联系紧密。Kroesen 和 De Vos（2020）探索了主动出行（步行和自行车）与健康状况（体质指数和心理健康）之间的关系。结果表明，主动出行不会影响之后的身体质量指数（BMI）水平，而 BMI 则会对后期的主动出行水平产生负面影响；关于心理健康，主动旅行对心理健康的影响是显著的。Arpino 等（2019）的研究结果表明，积极老龄化程度与教育有关。Eronen 等（2021）研究调查了健康素养对积极老龄化的作用，结果表明，较高的健康素养可以使老年人，包括患有多种慢性病的老年人保持更高水平的积极老龄化。因此，主动健康的积极促进作用已在社会学领域得到证实，但与康养旅游研究结合较少。

1.3.2 国内康养旅游吸引力相关研究动态

1.3.2.1 康养旅游研究

基于中国知网数据库，以"康养旅游""健康旅游""养生旅游"和"医疗旅游"等关键词进行搜索，文献类别为北大核心和CSSCI。筛选发现，国内康养旅游研究仍处于初步阶段，尤其是有关医疗旅游的研究较少。国内康养旅游研究主要集中在康养旅游空间分布特征与影响因素、产业发展模式与路径、康养旅游开发潜力、评价指标体系构建、游客感知需求等方面。国内康养旅游还没有统一的概念，基于检索到的文献发现，王赵（2009）结合海南良好的生态环境，首次提出康养旅游即为健康旅游、养生旅游，是一种建立在自然生态环境、人文环境、文化环境基础上，结合观赏、休闲、康体、游乐等形式，以达到延年益寿、强身健体、修身养性、医疗、复健等目的的旅游活动，概括了康养旅游的丰富内涵，并明确了康养旅游所需要的环境基础以及游客的旅游需求。2016年原国家旅游局颁布了《国家康养旅游示范基地标准》（LB/T 051—2016），也对康养旅游进行了详细的界定。《国家康养旅游示范基地标准》把康养旅游定义为："通过养颜健体、营养膳食、修心养性、关爱环境等各种手段，使人在身体、心智和精神上都达到自然和谐的优良状态的各种旅游活动的总和。"此概念得到广大学者的认可，在研究中多有运用。同年，任宣羽结合前人康养旅游定义，将康养旅游总结为：以良好的物候条件为基础，以旅游的形式促进游客身心健康、增强游客快乐、达到幸福目的的专项度假旅游。随着研究的逐渐深入，学者们对康养旅游学术概念的界定逐渐趋于准确和科学，研究外延也在不断扩大。

我国康养旅游最初以森林康养为重点研究对象，对森林康养发展进行了相关可行性思考和发展路径探索。丛丽和张玉钧（2016）对康养旅游的科学性研究进行了思考，运用定性的方法探讨了森林康养的由来、开发、保护平衡机制、政策法规、指标体系建立等方面内容，为森林康养研究提供了丰富的研究视角。刘拓和何铭涛（2017）进一步总结了康养旅游概念，深化了有关康养旅游功能和地位的论述，丰富了发展森林康养产业的对策研究。李济任和许东（2018）借助层次分析法，构建了森林康养旅游评价指标体系，为森林康养旅游的开发、决策提供参考。后来，康养旅游的研究视角逐渐扩展，少量学者从需求侧对康养旅游进行了研究。刘佳丽等（2021）对森林康养基地的消费者需求类型进行了研究，从环境条件、服务项目、配套设施和服务水平4个维度出发，探索各维度需求类型以及满意度和不满意度情况。耿藤瑜和傅红（2021）丰富了康养游客感知维度，构建了景观感知、场所依赖、场所认同与健康效益评估结构关系模型。谢灯明和何彪基于计划行为理论对游客行为意向进行了探索，后又结合感知风险维度，对游客行为意向进行了细分研究。2020年新冠疫情暴发，程云和殷杰（2021）探讨了疫情影响下的大众康养旅游意愿，对旅游业提振恢复具有重要意义。部分学者借助GIS空间处理方法对康养旅游资源的空间分布特征及影响因素进行了研究。谢文彩、唐健雄、杨秀成、王兆峰等人对武汉、长株潭、福建等地区的康养旅游空间分布进行研究，探索康养旅游目的地的空间分布特征。潘立新、何小芊等人利用百度指数，对温泉旅游的网络关注度进行时空分析，以此来研究温泉旅游的发展趋势和发展现状。在康养旅游评价指标体系和适宜性评价研究方面，学者们多采用层次分析法进行研究。李济任（2018）以德尔菲法和层次分析法相结合的方式对森林康养旅游进行了评价，同年，进一步采用层次分析法和模糊综合评价法评估山区森林康养旅游开发潜力。宋娜（2020）运用德尔菲法和DEMATEL-ISM-MICMAC法对康养旅游资源评价指标体系进行数据分析，丰富了量化分析工具，为康养旅游的规划开发提供了科学性的指导工具。李秀云、潘洋刘、晏琪等人则是从空间、资源、基地建设等方面对森林康养进行了评价指标体系构建和相关分析。现阶段，对康养旅游的评价模型构建多是基于定性分析，或者采用定性和定量相结合的方法。万龙、温煜华等人构建了温泉康养旅游的评价模型，对温泉旅游发展的适宜性和可持续性进行研究。在产业发展模式与路径研究方面，学者们多运用定性研究方法对康养旅游融合创新发展和地方发展模式进行研究。在康养旅游产品研究方面，李莉等人通过对康养旅游产业环境的研究，发现目前国内康养旅游产品主要以温泉康养旅游、森林康养旅游、中医药康养旅游和体育旅游等类型为主。杨懿、刘晓农、万龙等人对温泉旅游进行了相关研究，田广增则是对中医药旅游的发展进行了探索。

1.3.2.2 康养旅游发展影响因素研究

在康养旅游发展环境的影响因素研究方面，李莉、陈雪钧等人发表多篇论文，从共享经济的角度出发，提出了市场需求、产业供给、外部环境、基础设施4个方面的康养旅游产业发展环境创新动力系统，并利用多元因子分析法对康养旅游产业发展环境创新的影响因素展开深入探究。程云等人则是利用 SOR 理论（stimulus-organism-response 理论），研究新冠疫情对康养旅游意愿的影响。张彩红、韩立红、李英等人从城市居民森林康养意愿、产业融合和可持续发展几个方面进行分析，研究森林康养发展的影响因素。周卫等人分析了森林康养对消费者情绪和身心恢复的影响。雷海清等人则分析了森林康养对老年高血压患者血压的影响。侯胜田等人对中医药康养旅游发展过程中的阻碍因素进行分析，并给出了中医药旅游的发展策略。刘雁琪、陈心仪、谢新等人对森林康养旅游的发展现状进行了探讨。李伟成等人提出，可以在不同的森林环境下构建不同的资源共享模式，来实现森林资源的优化。张英杰等人对首批国家森林小镇进行分析，构建了4个核心关注维度，以此来促进森林小镇的发展。郎富平、宋丽梅、申莉莎等人从可持续发展、驱动力、乡村康养文化几个角度对乡村康养旅游的发展路径展开了研究。张信得、林爱平、陈建波等人从特色小镇开发、发展对策，以及资源利用模式等方面对温泉康养旅游的发展路径和策略进行分析。黄雨婷、司建平等人对中医药康养旅游的发展现状进行了探究，深入分析了中医药康养旅游发展中出现的各种问题。

1.3.2.3 康复性景观理论研究

伴随着人们生活水平的不断提高，人们对生活环境的要求也越来越高，人们开始更加向往生态、绿色、健康的生活方式。人们在追求健康的同时，对周围环境景观的健康性有了更清晰的认知，越来越多的学者开始关注环境对健康的影响作用。和天骄等人基于环境对健康的影响，探索了城市蓝色空间对老年人健康的影响，提出蓝色空间的合理开发能够对老年人的健康产生积极作用。疗愈环境对人类生理和心理健康的价值已经得到多方面的证实和肯定，心理医学和康复医学的成果逐渐影响了风景园林、城市规划和建筑学等多个学科体系。良好的人居环境不仅能够减少人的各种生理疾病和精神疾病，同时还能够增加福祉，提升居民幸福度。现阶段康复性景观理论已经应用在医院疗养环境、城市人居环境、健康旅游环境等各个方面的研究中。国内对康复性景观理论的研究多集中于建筑和园林景观的设计方面，如王亚基于康复性景观理论对城市公园进行设计，提出康复性景观的设计要以促进健康为主要目的，以安全舒适为条件，在注重细节的同时，要增加文化认同感。将康复性景观理论应用于旅游的研究还相对较少，黄力远和徐红罡基于康复性景观理论，对巴马的养生旅游进行了研究，从巴马地区作为旅游目的地的自然环境、社会环境、符号环境3个方面进行了分析。黄清燕以丽江古城为研究对象，分析了非惯常环境的旅游地日常生活的康复性意义，从时间、空间和社会实践3个方面构建了环境、日常生活以及健康的交互关系。

1.3.2.4 旅游吸引力研究

旅游吸引力影响着旅游者对旅游目的地的选择，是旅游者进行旅游活动的前提条件。现阶段，国内关于旅游吸引力的研究较为丰富，一部分学者对特定地区的旅游吸引力进行了评价分析：朱中原、朱鹤等人基于网络信息，分别对江西、北京等地区的旅游吸引力进行了评价分析；完颜邓邓等人则是基于网络游记对公共文化场所的旅游吸引力进行了评价。还有一部分学者研究游客感知与旅游吸引力之间的相互关系：陈翔等人基于网络文本分析中国游客对于游艇旅游吸引力的感知，从游客的视角来分析游艇旅游吸引力的影响因子；卢慧娟等人则是利用 IPA 分析法，研究北京地区四合院民宿的旅游吸引力。另有学者构建了旅游吸引力评价指标体系，张骏、卢凤萍等人从文化资本的视角以及游客感知的视角出发，构建旅游吸引力的评价模型。一些学者对旅游吸引力的影响因素进行了分析，如汪京强等人基于游客感知的角度，分析了旅游风险对旅游吸引力的溢出效应。对于康养旅游吸引力评价指标体系的研究，成果还相对较少，宋娜等人基于 DEMATEL-ISM-MICMAC 模型，利用定量和定性相结合的方式构建了康养旅游资源评价模型。张贝尔等人则是通过社会网络语义分析构建了康养旅游的适宜性评价模型。张彩红、潘洋刘、李济任等人基于层次分析模型、结合 SWOT 分析法和模糊综合评价法，构建了康养旅游的评价模型。因此当前对于康养旅游的研究多是基于康养旅游的综合评价，对康养旅游吸引力的评价还十分缺乏。

1.3.2.5 利益相关者支持行为对吸引力的促进作用研究

张毅等提出，旅游目的地的吸引力主要是指在各种因素和多种条件的综合作用下，目的地能对旅游者产生诱惑力的程度。在此基础上，学者对旅游吸引力进行了更细化的定义，认为旅游吸引力受到旅游资源、旅游服务以及旅游形象等方面的影响。我国对于旅游吸引力影响要素的研究逐渐趋向多元化。旅游业发展过程中涉及众多利益相关者，包括政府、企业、居民等，他们是提供旅游资源、旅游服务以及宣传旅游形象的重要主体。旅游目的地各利益相关者的认知、态度及行为会直接影响康养旅游目的地的吸引力及可持续发展。旅游吸引力的提升涉及供给侧和需求侧两方面，包括目的地的资源配置、环境条件以及旅游者的偏好和需求等。旅游目的地主要是通过自身拥有的各类资源服务等来吸引旅游者，包括旅游目的地的旅游资源、服务设施、服务质量、营销宣传等。可见，供给侧利益主体对于旅游吸引力的影响研究至关重要。目前，国内学者多围绕利益相关者的界定与分类、利益相关者行为、利益关系与协调等直接或间接影响旅游吸引力的内容开展实证研究。

（1）旅游利益相关者的界定与分类

关于旅游利益相关者的界定和分类，国内尚没有统一的标准。学者多针对不同旅游类型进行界定与分类。宋瑞将生态旅游利益相关者分为政府、保护地、当地社区、旅游企业、非政府组织、学术界及相关机构、媒体、其他国际组织、在华机构、社会公众等。刘静艳（2004）在生态旅游系统中运用系统动力学方法，界定了5个主要利益相关者，明晰了各利益相关者之间的义务和权利，为以后学者构建利益协调机制提供了划分原则。此外，学者王纯阳（2012）以开平碉楼村落遗产地为案例点，运用利益相关者理论根据利益主体功能不同将古村落遗产地利益相关者划分为三类：核心利益相关者、蛰伏利益相关者、边缘利益相关者。这一划分标准丰富了利益相关者理论，也是此后学者广为采纳的利益相关者界定标准。

（2）利益相关者支持行为对旅游吸引力的促进作用

①政府支持行为对旅游吸引力的促进作用

政府主管部门是康养旅游开发与保护的重要主体，肩负着引导、扶持、管理和监督的责任。作为宏观调控者，政府主管部门通过制定、完善相关法律法规影响旅游企业对康养旅游的开发，规范旅游企业的经营，营造良好的康养旅游环境；通过宣传康养旅游项目，鼓励和支持其他利益主体参与康养旅游开发，促进康养旅游可持续发展，提升旅游目的地吸引力。赵德森等（2021）运用扎根理论，研究政府行为对旅游目的地形象的影响机制。孙盼盼等（2021）研究了地方政府行为对旅游产业全要素生产率的影响机制。李会云等（2011）对城市旅游吸引力影响因素进行了综合分析，发现城市旅游资源、城市可进入性、城市经济发展水平、城市旅游服务质量、城市形象感知水平、城市环境质量等 6 个因素对城市旅游吸引力具有显著影响。张骏等（2013）从江南山水文化、人文文化和人居文化的角度构建了包含自然环境因子、人文景观因子和社会生活因子在内的长三角城市连绵区旅游吸引力体系。政府作为各类政策措施的引领者，城市旅游资源、可进入性、服务质量等的管理和监督者，在营造良好旅游环境、提升旅游吸引力和促进康养旅游可持续发展中发挥重要的作用。

②旅游企业支持行为对旅游吸引力的促进作用

旅游企业是康养旅游商品和康养旅游服务的主要提供者，它们直接参与旅游开发过程，有最直接的经济利益诉求。旅游企业的行为会直接影响旅游目的地吸引力效果。目前学者多从旅游企业社会责任、发展模式以及利益相关者发展关系角度进行研究。旅游企业社会责任行为的驱动因素和表现形式研究，是康养旅游可持续发展治理研究的新探索。学者除了研究旅游企业对旅游地发展的积极作用外，还关注旅游企业给旅游地发展带来的消极影响。有些旅游企业单纯以追求利润为经营目标，出现不顾社区集体利益和长远发展的逐利表现，成为旅游地发展利益的垄断者和操控者，导致对旅游地资源的过度利用和生态环境的破坏。同时，由于利益分配的不均衡和不公平，使旅游企业与不同利益相关者之间的矛盾激化，影响旅游可持续发展以及旅游目的地吸引力的提升。吕宛青等（2020）研究发现，社区旅游经营者以直接或间接的方式履行社会责任，能够促进地方旅游发展。李东娟等（2011）认为，旅游企业作为生态依赖型的企业形式，更应该为资源保护贡献力量，承担相应社会责任，维护提升当地旅游吸引力，实现当地旅游可持续发展。在发展模式方面，企业应积极创新转型，不断完善旅游服务理念、体系以及服务内容，打造品牌，为当地旅游吸引力的提升增添动力。王峰等（2014）从旅游创意的概念和旅游创意发展的动力因素方面探讨旅游创意在旅游经济增长中的价值实现机制，分析旅游创意对旅游经济持续发展的作用。王璐等（2020）提出以"理念－制度－技术"为核心的桂林旅游产业生态化转型路线，以期为桂林国际旅游胜地建设提供参考，助力实现桂林生态文明建设与旅游产业绿色可持续发展的双赢。

③居民支持行为对旅游吸引力的促进作用

当地居民是康养旅游的直接参与者，不仅为康养旅游开发提供了劳动力、服务、旅游商品、原始的生产要素等，还潜移默化地改变着康养旅游发展的结果。如果没有居民对旅游开发的支持，会导致旅游地核心资源的吸引力下降、主客互动下旅游者的体验质量降低、社区旅游工作的人力资源短缺等结果。目前，学术界关于居民对旅游吸引力作用的研究多从居民参与、居民支持行为以及态度等方面开展，探索居民旅游支持行为影响因素，旨在使居民更好地融入旅游发展的过程，实现利益共享、居民和游客的良性互动，以及居民责任意识的增强，从而形成良好的旅游氛围，提升旅游目的地吸引力，促进旅游目的地的可持续发展。王湉等（2022）运用扎根理论，探究社区参与对创建高质量景区的影响与作用机理，合理引导社区居民通过协同治理实现高质量景区的有效创建与可持续发展。郑浏香等（2023）引入社区增权、旅游支持态度等变量来构建居民旅游参与意愿的形成机理模型，为促进利益分配公平、居民积极对待旅游开发、形成良好的旅游氛围、实现民族地区旅游健康可持续发展提供思路。

④旅游者支持行为对旅游吸引力的促进作用

旅游者作为康养旅游发展的重要参与者，其认知和态度对康养旅游提升吸引力、实现可持续发展有非常重要的影响。王铭杰等（2021）通过 VEP 和半结构访谈相结合的方法，尝试探讨乡村性的构成要素、各要素之间存在的结构关系，以及游客对乡村旅游吸引力的认知等问题，并深入分析乡村性和乡村旅游吸引力之间的关系，为乡村旅游目的地的可持续发展提供实践指导。陈霄等（2021）基于游客感知探索游艇旅游吸引力内容。多数学者基于游客感知构建不同旅游类型的旅游吸引力体系。完颜邓邓等（2021）从游客视角出发，对游客在公共文化场馆旅游后分享的游记心得进行文本分析，探究公共文化场馆对游客的吸引力水平，据此提出公共文化场馆旅游功能开发的建议，为文旅融合背景下公共文化场馆切实调整发展思路、完善服务职能建言献策。卢慧娟等（2020）运用网络文本分析法爬取游记点评等网络文本，构建民宿旅游吸引力评价指标体系，为民宿旅游发展提供重要的理论和实践指导。

（3）利益相关者的利益关系与协调研究

康养旅游的发展是现实需求和产业创新的客观要求与逻辑的体现，涉及诸多利益主体。康养旅游利益主体之间的关系也日益复杂，出现诸多利益相关者矛盾冲突、协调均衡和互惠共赢的复合博弈行为。不少学者已经关注到利益主体间的协商与合作研究。目前，关于利益相关者关系与协调的研究包括利益相关者的综合评价研究、利益主体间的利益协调研究、利益相关者优先序等。学者们探讨不同旅游类型利益相关者矛盾所在，以共生理论、博弈论等作为理论支撑开展研究，以促进主体间的利益平衡、多主体价值共创。在促进利益平衡方面，曹辉等（2023）运用博弈分析方法，构建了"政府－企业－居民"利益相关者博弈模型，进行了模型均衡点分析、稳定性讨论和动态相位图绘制，分析了武夷山国家公园演化博弈成本和奖惩约束条件。周彦伶等（2023）综合采用米切尔细分法、层次分析法和灰色聚类法构建评估模型，对溶洞研学旅行利益相关者的优先序进行研究，建议溶洞景区管理者、经营者动态关注各利益相关者诉求变化，依据差序原则，协调各利益相关者关系，共同促进溶洞研学旅行可持续发展。多元主体的利益协调关系到旅游地治理网络稳定性，多元主体参与旅游地治理已构成旅游社区研究的重要命题。在此基础上，学者提出了千岛湖旅游地包含政府、企业、旅游者、社区居民、媒体在内的"五元主体"参与治理模式概念性框架和可持续发展治理网络图，为千岛湖旅游可持续发展提供了对策建议，为后续研究提供了借鉴参考。

1.3.2.6 旅游影响感知研究

国内学者对旅游影响感知的研究出现在 20 世纪 80 年代中期，之后陆林（1996）针对旅游地居民对旅游影响的感知和态度进行探究，并以皖南为典型案例地进行了实证研究，为相关研究内容提供了理论基础和实证参考。国内研究对旅游影响感知维度的划分是在国外相关理论和研究成果的基础上进行了本土化延伸,将感知维度划分为正面 / 负面、积极 / 消极、获益 / 成本等。研究视角方面,国内旅游影响感知研究多从居民和旅游者两方面进行。宣国富和陆林等（2002）通过实地考察,探析海口市及三亚市沿海旅游地居民对旅游发展影响的感知,发现不同居民对旅游的正负面影响有不同感知,形成了居民对旅游影响的反馈系统（包括正反馈和负反馈）。郭安禧和郭英之（2019）基于态度冲突理论和社会交换理论,以浙江省乌镇居民为研究对象,分析居民正负向旅游影响感知对支持旅游开发的影响关系。通过对文献进行梳理和归纳可知,现有研究成果通常将居民旅游影响感知分为社会文化、经济、环境等维度。程绍文等（2018）利用因子分析法和聚类分析法,结合经济发展、地方依恋、环境改善、社会秩序和生活成本等变量构建 SEM 模型,分析旅游者旅游影响感知对其旅游满意度和旅游参与意愿的影响。学者们多运用问卷调查的方法,探索各感知维度对旅游者偏好行为以及情感态度的影响。王立国等（2023）运用结构方程模型结合 SOR 理论,研究游客乡村旅游偏好行为的驱动因素与影响机制。王璟等（2022）基于亲生物假说和注意力恢复理论,探究感知环境美学质量对游客积极情绪的影响。还有少部分学者分析了旅游企业和政府角度的旅游影响感知。旅游企业方面多探索经营主体感知对旅游产业发展的影响因素。陈宇等（2024）探索了体育旅游景区效率的影响因素,包括交通通达性、气候条件、当地经济环境、体育发展状况及旅游产业结构等因素。政府旅游影响感知研究多探索政府针对旅游目的地和产业发展的影响感知。但总体来看,有关政府和企业对旅游开发后产生的影响感知的研究还很少。目前国内旅游影响感知研究成果虽然较多,但研究维度还不够丰富。

1.3.2.7 感知公平理论研究

在国内旅游研究中,有学者将感知公平理论应用在旅游企业基于游客感知进行定价和服务策略的选择以及进行相关的服务补救方面。陈国平等（2012）以旅行社为研究对象,通过实证研究的方法探寻服务补救中顾客自我调节导向心理特征对感知公平的影响。林强等（2018）借鉴心理学和行为经济学研究成果以及行为供应链的最新研究范式,引入旅行社的公平偏好因素,基于不同的公平偏好信息条件,研究旅行社公平偏好对景区和自身的定价策略及旅游服务供应链收益共享契约协调性的影响，但此研究未关注到主导力量的差距对公平偏好的影响。2020年林强对此进行了补充研究，建立了由一个景区和一个旅行社组成的旅游供应链Stackelberg主从博弈模型，研究不同主导力量下决策者的公平偏好特征对旅游供应链定价策略的影响。郭金森（2019）针对景区和旅游酒店组成的双渠道旅游供应链，构建了景区和旅游酒店的公平偏好供应链运作决策模型。也有学者运用组织公正理论，结合其他维度的方式分析旅游目的地居民感知情况。胥兴安分别基于社会交换理论视角和社区认同视角，对居民感知公平和社区参与旅游业发展的关系进行了研究，从客观经济和非客观情感的角度分析了居民感知公平对社区参与旅游业发展的影响，为社区参与旅游发展研究提供了理论基础。刘静艳（2016）整合社会交换理论和韦伯的合理性理论，构建了民族地区社区增权、居民公平感知以及旅游可持续发展支持行为关系的概念模型。何学欢（2018）构建了以旅游地居民感知公平（程序公平、分配公平、互动公平）为前因变量，关系质量（社区满意、社区认同）为中介变量，环境关注为调节变量的旅游地居民环境责任行为形成机理整合模型，此研究构建了社区居民环境责任行为形成机理的理论框架，为旅游地可持续发展研究提供了新的视角。综上，旅游目的地感知公平研究已有一定数量，研究维度较为丰富，但目前在康养旅游目的地研究中还应用较少。

1.3.2.8 旅游支持行为影响研究

目前，我国在旅游支持行为影响研究方面成果较为丰富。李有根等（1997）研究了居民对自我、游客和旅游关系影响等的认知，并总结了相关应用理论。社会交换理论是此研究领域的重要理论支撑，该理论分别从经济影响、社会文化影响和环境影响的角度探索居民对旅游发展的支持态度。苏勤等（2004）利用社会调查和市场细分方法对旅游地居民态度与行为进行实地调查，并对我国旅游地居民进行分类研究。多数学者们基于不同的旅游目的地类型进行了相关研究。黄燕玲等（2008）在分析村民对农业旅游发展现状评价的基础上，研究了少数民族地区居民对农业旅游影响的感知。刘昌雪（2008）利用回归分析法考察了农民的旅游影响认知和支持发展旅游业态度之间的联系。对旅游企业支持行为影响的研究，多关注产业发展以及转型升级。

郭华等（2023）通过探讨小微企业的知识转移动力因素与作用，促进微小企业间相互合作，从而推动乡村旅游社区的能力与活力提升。部分学者从政府利益主体角度，探索政府政策对当地旅游发展的支持和影响。张雁等（2022）研究了财税政策与乡村旅游业发展的关系。于敏捷等（2023）以疫情影响为背景，探讨不确定环境下政策支持是否可以帮助乡村旅游经营主体恢复信心，结果表明政府政策支持对旅游企业市场营销和危机背景下提振信心具有重要作用。卢松等（2008）进行了不同社区居民对旅游影响的感知比较，以揭示不同类型旅游地居民对旅游影响的感知差异。随着研究的深入，学者们在应用社会交换理论的基础上，逐渐扩展研究理论，不少学者开始从权力、信任、情感等社会关系要素出发，探索旅游发展情境下利益相关者旅游支持行为的影响。

1.3.2.9 主动健康相关研究

2015 年，主动健康首次出现在科技部"十三五"科技规划中，后成为国家应对老龄化、亚健康等问题的重点行动，并逐渐成为全民健康保障体系的重要组成部分。主动健康在我国处于初步发展阶段，国内学者已对主动健康的相关概念以及发展模式进行了初步的阐述。主动健康被归纳为一种健康干预模式和个体的主动健康理念。其中，健康干预模式体现在政府、医院、社区等机构提供的健康服务和引导以及健康环境中；个体的主动健康理念则体现为个体充分发挥主观能动性，积极寻求健康生活方式。目前，主动健康与全民健康研究密切相关，主要应用于医学和体育学研究，探索医疗团队和社区的健康管理模式。王小刚等（2019）研究了主动健康服务管理模式下家庭医生团队人员配置和职责分工问题。朱浩等（2022）从主动健康视角，分析了我国医养结合的典型案例，并且基于主动健康的 3 个主要特征，探索了社区医养结合服务模式的创新。卢文云等（2023）从主动健康视角探索了我国医体融合健康促进体系所面临的困境和未来的优化路径。综上所述，在我国医疗、体育领域有关主动健康的研究已较为丰富，拥有了一定的研究基础。然而，主动健康的理论框架还不完善，在当前我国健康中国战略及社会老龄化、亚健康发展趋势背景下，主动健康还有很大的研究空间。康养旅游作为主动健康的一种干预模型，对旅游者和当地居民的身心健康具有积极引导和促进作用。同时，旅游者以及居民的主动健康理念也会对康养旅游发展质量产生影响，康养旅游与主动健康密切相关。

1.3.3 国内外康养旅游吸引力研究梳理

综上所述，在全面推进健康中国建设的背景之下，大健康产业已经成为近些年的朝阳产业，引起越来越多人的关注。人们对健康的追求和日常生活的多重压力，使得人们对外出旅游产生了强烈的需求，使康养旅游迎来新的发展机遇。虽然康养旅游产业在迅猛发展，但是现阶段，学术界对康养旅游吸引力的研究还处于初级阶段，相关的理论研究还不够完善。

总体来看，现阶段康养旅游吸引力的相关研究有限，仍然存在诸多不足，还有很大的研究空间，主要表现为以下几个方面。

（1）康养旅游的研究起步相对较晚，相关学术研究成果相对较少，国外的研究成果相对较为丰富。研究程度上，国外康养旅游研究以保健、医疗旅游为开端，研究角度广泛，包括康养旅游资源的空间规划与保护管理、游客感知、康养旅游可持续发展以及康养旅游功能等方面，研究体系相对成熟。我国康养旅游研究体系还不完善，目前研究多基于产业建设和发展适宜性角度，缺乏重要利益相关者、康养旅游可持续发展、康养旅游吸引力等方面的研究。

（2）康养旅游的研究多是定性研究，主要集中于康养旅游的概念内涵、资源分布、康养旅游产品类型、发展路径和模式、产业发展对策等方面，缺乏关于康养旅游的定量研究。

（3）康养旅游吸引力评价指标体系不够完善，多是利用网络文本以及采用问卷调查方式从旅游者感知角度对旅游吸引力进行定性分析，缺乏供给端利用定量的指标来分析康养旅游吸引力的研究，以及对康养旅游吸引力的时空演化特征和康养旅游吸引力的空间关系的研究。

（4）虽然国内外学者均对康养旅游开展了相关研究，但是关于康养旅游目的地供给侧利益相关者对旅游吸引力的促进作用的研究较少。供给侧利益相关者是提供旅游资源和旅游服务、营造良好旅游环境的重要主体，其支持行为对旅游吸引力的影响研究至关重要，关系到康养旅游的可持续发展。

第 2 章 康养旅游吸引力研究理论基础

2.1 康养旅游吸引力相关概念

2.1.1 康养旅游

全球旅游业飞速发展，旅游消费群体日益增多，旅游消费需求呈多元化趋势。随着生活节奏的加快、生活压力的增大，亚健康和人口老龄化问题日益突出，加之人们的生活水平和消费能力逐渐提高，健康理念也不断增强，人们对于健康、养生、养老、保健的需求越来越高。由于旅游具有愉悦身心、促进身体健康的作用，越来越多的人通过参与旅游活动提高身体健康水平。康养旅游成为满足人们旅游和健康生活需求的新方式。

"康养"这一表达是在结合健康养生深层次内涵以及中国特殊文化背景和语境的背景下产生的。结合词义来理解，"康养"阐述的是人们希望维持、恢复以及修复身体和心理等方面健康状态的活动和过程的总称。受历史文化和历史背景等因素的影响，国内外关于康养旅游的用词选择存在一定的差异。国内多称康养旅游，将其英译为 health and wellness tourism；国外则更多地将其称为 health tourism 或者 wellness tourism，也就是健康旅游。本书在现有研究的基础上对国内外康养旅游概念进行了梳理及初步界定。

（1）国外学者对康养旅游概念的界定

美国医生 Halbert Dunn 于 1959 年提出了 wellness（健康）这一词汇，该词是由 wellbeing 和 fitness 相结合而来。他认为 wellness 是一种与环境相协调的并且在身体、心理、精神等维度都能够达到不断完善的状态，提出人们更愿意积极主动地寻求健康，这是一种较高水平的健康状态。

Goodrich J. N. 和 Goodrich G. E. 提出保健旅游（healthcare tourism）的概念，并将其定义为除提供常规旅游设施外，突出宣传其保健服务及设施来吸引游客的旅游形式。随着研究的深入，Goodrich J. N. 将保健旅游概念进行了扩展，总结了健康旅游的两种形式，分别是为跨国求医的病人提供医疗服务和为旅游者提供保健服务。

Hall 等提出康养旅游的概念，认为康养旅游是以健康为动机，在休闲环境中进行桑拿、按摩、疗养等活动的总称。

Muller 等进一步扩大了康养旅游的范畴并将其定义为"出于健康目的进行的旅行和旅居所产生的所有关系的总和"，目前这一概念在国外得到广泛使用。

Carrera P. M. 和 Bridges J. F. 认为，健康旅游的目的是维护、增强或恢复个人身心健康。

Smith 和 Puczko（2009）以及 Robyn Bushell 和 Pauline J. Sheldon（2010）认为健康旅游是可以使旅游者生命、生活质量得到提高的一种旅游方式，涵盖医疗、卫生、美容、体育、健身、冒险等。

Lim 等提出了狭义的康养旅游概念，即出于维持和改善人体健康的目的，借助一定的康养设施，旨在提升身体、心理、精神健康水平的旅游活动的总和。

（2）国内学者对康养旅游概念的界定

王赵（2009）结合海南良好的生态环境，首次对康养旅游进行定义：康养旅游即为健康旅游、养生旅游，是一种建立在自然生态环境、人文环境、文化环境基础上，结合观赏、休闲、康体、游乐等形式，以达到延年益寿、强身健体、修身养性、医疗、复健等目的的旅游活动。

2016 年，原国家旅游局发布《国家康养旅游示范基地标准》（LB/T 051—2016），把康养旅游（health and wellness tourism）定义为："通过养颜健体、营养膳食、修心养性、关爱环境等各种手段，使人在身体、心智和精神上都达到自然和谐的优良状态的各种旅游活动的总和。"

任宣羽结合前人提出的康养旅游定义，将康养旅游表述为以良好的物候条件为基础，以旅游的形式促进游客身心健康、增强游客快乐、达到幸福目的的专项度假旅游。

谢晓红表示康养旅游是将养生理念、生态资源与旅游活动相结合，使人们在旅游、休闲、度假的同时可以体验养生、健康的生活方式。其本质在于养生保健与休闲、旅游及度假的结合，是人们对自我舒展和身心释放型旅游的追寻，是现阶段亚健康问题普遍存在背景下，消费者内心所渴望的一种旅游休闲方式。

王媛琳也对康养旅游进行了界定，她表示康养旅游注重的是身体和心理的健康，人们依托良好的自然环境、人文环境等资源，通过观光游览，结合医药保健、运动康体、养心养颜、健康膳食等形式，达到身体强壮、修身养性、医疗康复、延年益寿等目的。

目前，对于康养旅游概念的界定在学术界尚不统一，康养旅游与健康旅游、养生旅游、保健旅游、医疗旅游有着紧密的联系。从资源要素上看，康养旅游包括森林康养旅游、温泉康养旅游、海洋康养旅游、中医药康养旅游、山地康养旅游、乡村康养旅游等多种类型，内涵要素非常广泛。大多数学者对康养旅游的概念界定都提到了康养旅游范围、相关旅游产品、功能和目的等，也出现了不同侧重点的概念界定方式。具体表现为：

①过程说

过程说强调，能够使旅游者身心状况得到改善的旅游活动都属于康养旅游，此观点使康养旅游与普通的旅游活动有交叉，有助于人们认识康养旅游活动对身心健康的促进作用，有利于旅游企业的宣传。

②目的说

目的说强调，康养旅游是旅游者根据自身健康状况，产生康养需求和目的，从而选择康养旅游的行为。强调具有健康养生目的的旅游活动才是康养旅游活动，将其与其他旅游活动进行了区分，针对性强，有利于帮助旅游企业开发康养旅游产品。

③要素说

要素说强调，康养旅游具有广阔的概念外延，其要素包括森林、温泉、海洋、山地、草地等自然生态环境，地方民俗、健康养生文化等人文资源以及运动、健身体育要素，中医药医疗要素等。

随着研究的逐渐深入，学者们对康养旅游学术概念的界定逐渐趋于细化和科学，研究外延也在不断扩大。因此基于上述各位学者对康养旅游的定义，本书认为康养旅游是以良好的自然、人文、社会等资源条件为基础，通过观光游览、参与体验、医疗保健、营养膳食、修心养性、运动康体等多种手段，实现促进旅游者心理、身体和精神等多重健康目的的，可以提高生命质量、延长生命长度、提升幸福感的各种旅游活动的总和。

2.1.2 康复性景观

康复性景观（therapeutic landscapes）指的是对人们身心健康具有促进作用的景观类型，通常在自然环境中将景观元素和医疗康复功能相结合，使景观元素成为辅助治疗的方式，从而最大限度地提高人的身体、精神和心理的健康水平。这种景观类型通常不直接起到治疗疾病、疗愈身心的作用，而是通过设计和使用，帮助人们更好地与自然接触，使人们贴近自然、感受自然，放松、愉悦身心，从而达到帮助促进和恢复人们身心健康的目的。

康复性景观在国外研究领域还有多种说法，被学者广泛应用的主要有therapeutic landscape、healing landscape、restorative landscape 等。从康复性的字面含义上理解，其有治疗的、治病的、有助于精神放松的、治愈使重新获得愉悦的内涵。最初的康复性景观主要是指促进疾病恢复的康复性场所，后来概念范围逐渐扩大，不只包含具有康复作用的景观环境，而且将促进和维持健康的环境、物体都涵盖其中。本书对康复性景观的概念进行了梳理。

（1）国外学者的观点

康复性景观兴起于 20 世纪末，最初应用于风景园林学科的相关研究。Therapeutic landscape（康复性景观）一词由健康地理学家 Wilbert Gesler 提出，他以地理学视角解释"一个地方为何具备康复性功能属性"。康复性景观根植于景观现象学，原指"特定自然环境、建筑环境、社会环境和个体感知所构成的，助益于身体获得康复的氛围"。后来，这一概念延伸为"具有疗愈功效的社区空间以及游憩环境"，主体是以追求健康长寿为目标的行为群体，客体为生态环境、资源禀赋、服务功能所构成的生产生活场域、空间、网络。David Conradson 将康复性景观定义为那些对于实现身体、心理以及精神健康具有积极作用的环境及场景，这些环境包括与治疗有关的物理、心理以及社会环境。应用人群不仅有病人，还有亚健康人群。

（2）国内学者的观点

国内关于康复性景观的理解和界定大多基于国外研究。目前，我国有关康复性景观的研究已在最初应用于医疗机构及疗养院附属绿地功能研究的基础上逐渐拓展，不断延伸到日常生活和休闲活动中，向更广泛的公共空间发展，如公园、绿地等康复功能的探究。康复途径也不仅局限于在以植物为主的被动观察式环境中进行疗养，还结合了运动的康复与保健原理等，使人们能够在包含多种景观元素及特色设施的丰富多元的康复环境中，主动参与康养活动。吴思雨（2019）认为康复性景观是指"一切有助于恢复、保持健康，预防各种潜在的身心疾病的景观类型，通过自然或人工的景观，以主动或被动的方式，促使使用者的身体、心理及社会适应力达到共同良好的状态"。其核心是为使用者提供健康服务，功能涉及治疗、恢复和保健，范围涵盖一切公园绿地、附属绿地与景区，服务于所有希望改善和提高目前健康状况的人群。牛怡昕（2023）认为康复性景观指一切对恢复、保持身心健康，预防潜在疾病有帮助的景观类型，其通过不同景观元素的构建，以各种方式，促使人们的身体及心理达到共同良好的状态。

康复性景观概念的出现使人们开始认识到健康与特定场景和环境之间的关系，人们在追求健康的过程中，越来越认识到环境的重要性。随着研究的深入，康复性景观不再局限于物理景观，同时也包含了社会以及象征符号等综合因素。康复性景观展示了特定空间与社会氛围对促进人体健康的积极作用，是物理和建筑环境、社会条件等外部因素与自身感知有效结合所产生的一种有利于健康的氛围。基于上述学者对康复性景观的定义，本书认为康复性景观是指有助于恢复和保持身心健康，对于预防和治疗疾病有帮助的物理、社会、象征环境及景观，以主动或被动的方式促使使用者的身体、心理及社会适应力达到共同良好的状态。

2.1.3 旅游吸引力

旅游吸引力是指由旅游资源的丰富程度、旅游服务质量等所呈现的对旅游者的刺激程度，它对旅游者决策以及选择旅游地区、旅游方式和旅游类型有着极大的影响。影响和决定旅游吸引力的因素有很多，涉及旅游资源的丰度、设施条件、经济社会发展水平、交通便捷程度、居民友好程度、游客感知、安全水平等多个方面。其中，最为核心的要素是旅游资源。当旅游资源丰富度高、不可替代性强时，旅游吸引力往往更大，能够引发更强的旅游动机，进而促进旅游经济的规模扩大。本书基于国内外学者观点，对旅游吸引力概念进行了梳理。

（1）国外学者的观点

Ho 等（2018）指出，旅游吸引力就是能够吸引游客到目的地旅游的动力，是旅游地各种因素对游客吸引力的综合体现。Nicdosi（2018）认为，旅游吸引力指的是某地旅游资源对游客的刺激程度，对旅游者选择旅游目的地以及旅游类型有较大的影响。Yun（2019）的研究认为，旅游吸引力指的是旅游目的地对游客的吸引程度，旅游吸引力越大，游客的旅游意愿就越强。Wang 等（2021）通过研究提出，能够对游客产生吸引力，并且具有一定的游览价值和旅游功能的自然生态景观、人文社会景观等，都能够作为旅游吸引物存在。还有学者对旅游吸引力的影响因素进行了分析，多数学者认为，目的地旅游吸引力受到目的地与客源地的距离、旅游经历、游客对目的地的熟悉程度、旅游质量、旅游地形象等因素的影响。

（2）国内学者的观点

姚博晨认为旅游吸引力是一个综合性的指标，影响因素丰富，包括目的地自然资源、人文资源、可进入性以及友好程度等。谭娜等（2022）认为，旅游吸引力有广义和狭义之分，狭义的旅游吸引力指的是有形的旅游资源的吸引力，包括自然资源和人文资源；而广义的旅游吸引力指的是除了有形的旅游资源之外的资源的吸引力，包括旅游服务、社会制度、居民生活方式等。旅游吸引力不仅由旅游目的地属性构成，而且表现为旅游者在旅游活动中形成的感知与评价。旅游吸引力具有定向性的特点，即某项旅游资源可能对某些旅游者具有较大的吸引力，而对其他旅游者则可能吸引力较小。这与人们的审美意识、社会背景、个人特质、相关经历等有关。旅游与人们的审美活动紧密相关，而审美意识在不同的社会背景下可能存在显著差异。旅游吸引力包含两个方面的内容，一方面是旅游目的地能够提供给旅游者所需资源和环境所产生的拉力；另一方面则是旅游需求推动，强调游客在旅游过程中能够感受到的满足其需求的能力。旅游吸引力通常与旅游目的地的资源配置、环境条件、知名度、可进入性、基础设施条件、服务水平以及旅游者的偏好和需求有关。旅游目的地吸引力能够反映出旅游目的地满足游客需求的能力，其满足旅游者需求的程度越高，越能体现出较大的旅游吸引力。旅游吸引力能够拉动游客进行旅游活动，是旅游地价值的重要体现，没有旅游吸引力，就没有旅游，而相关的旅游配套产品也就失去了意义。因此本书认为康养旅游吸引力是旅游目的地对前来进行健康、养生等旅游活动的旅游者，在环境、社会以及符号 3 个维度所表现出的吸引能力。

2.1.4 利益相关者

利益相关者最早由美国学者 Freeman 提出，最初属于管理学研究范畴。Freeman 将利益相关者定义为：能影响一个组织目标的实现或被该组织目标实现所影响的个人和群体。这些利益相关者与组织或企业有直接的或间接的联系，他们的利益诉求和影响力各不相同，对组织的成败和发展具有重要影响。该理论认为，要实现组织的良好发展，就要全面考虑各利益群体。Clarkson 指出，个人或群体承担部分风险，并在企业发展中投入一定财力、物力、人力，即为企业的主要利益相关者。贾生华认为，利益相关者是可能会影响企业目标的实现，也可能会受到企业目标实现过程的影响的，对企业进行特定投资并承担特定风险的团体或者个人。李维安认为利益相关者是与某一群体有密切的利益关系，并且产生相互影响的个人与群体。目前，国内外已将利益相关者的概念应用于旅游领域，为旅游利益相关者的研究奠定了基础。1999 年，利益相关者概念被纳入《全球旅游伦理规范》，该规范将旅游目的地的负责人、当地居民以及相关的旅游规划人员作为利益相关方，利益相关者概念被正式引入旅游领域。在旅游领域的利益相关者界定上，王克岭认为，可将其分为直接和间接利益相关者，前者包括政府、旅游企业、居民和旅游者，后者包括住宿主体、交通主体、行业协会等。滕汉书等将能够影响旅游用地开发利用以及旅游经营管理活动开展并受其影响的企业、个人、政府、社会团体及组织等均认定为旅游用地利益相关者，即与旅游用地开发利用存在直接或间接利益关系的组织或个人。本书借鉴上述学者的研究成果，将康养旅游目的地的利益相关者定义为影响康养旅游活动或受到康养旅游活动影响的个人和群体，主要包括政府、企业、居民、旅游者等。利益相关者有核心层和外围层，关系较为复杂，其利益诉求繁多，甚至有时候完全相反，为了不同的利益，利益相关者的矛盾冲突时有发生，会成为制约发展的瓶颈。

2.1.5 主动健康

随着经济社会的发展以及人们健康需求的逐渐增长，"主动健康（proactive health）"这一新的模式应运而生，体现为大众积极的健康理念和行动以及外部健康服务新模式。主动健康的发展实现了4个方面的转变：一是健康理念上，由"以疾病为中心"到"以健康为中心"；二是服务对象上，从以患者为中心到以人为中心，贯穿全生命周期；三是服务供给上，由以医疗机构为主体转变为卫生、体育、养老、旅游等多主体协同；四是服务内容上，从以往的疾病诊疗转变为涵盖预防、治疗、康复、护理、养生等的服务链条。

目前国外学者多将主动健康应用于社会学背景下的健康医学、体育学研究情境中，与人口老龄化社会问题联系紧密。Simons-Morton B.（2013）认为，主动健康是以公众多元健康需求为导向，促进全社会健康的重要实践探索，其建设路径超越了对个人行为的关注，包含更广泛的社会和环境干预。Asthana S.（2017）提出，在以健康的生活方式为导向的医疗模式中，可穿戴设备、持续自动监测等智慧医疗的运用对人群健康管理有积极作用。Plianbangchang S.（2018）认为，主动健康需要多主体协调，政府及有关部门有义务承担起积极引导和统筹资源的责任，运用政策工具，有效动员社会与个体参与，并在实践过程中实现协作配合和整体联动，从而开展多方位、多层次的合作，打造一个包括医疗、医保、教育、农业、自然资源、工业以及信息在内的社会健康生态系统。

主动健康作为健康中国战略的重要组成部分，已出现在科技部、国家卫生健康委员会等多部门发文所列的专项规划中。作为我国的原创性概念，主动健康自 2015 年被提出以后，被多位学者结合不同领域背景进行界定。朱浩等（2022）认为主动健康由个体的主动健康和健康干预模式两部分构成。就个体来说，主动健康是指个体为实现自身的完全健康状态而寻求健康的积极部分，或被认为是公民个体更快速地疾病痊愈、更多的体力储备、对生活更加满意等积极的生理与心理状态。此外，主动健康作为一种健康干预模式，关注人的身体、心理和社会一体的健康状态，强调通过一体化健康服务、体养融合和积极生活方式引导等干预措施，使居民由"被动"健康转向"主动"健康，从而不断维持和提高居民健康生活能力。张倩倩等通过分析主动健康的实施主体，认为主动健康是以卫生健康行政部门为主导，以个体为单位，多部门共同合作，全民参与，通过提升个体健康素养、促使个体养成良好的健康行为习惯等方式，促进个体发挥主观能动性、重视生命质量并持续参与健康维护的整体医学观。因此，可以总结出主动健康的要点：个体是主动健康的重要实施主体，外部刺激环境是引导和基础，促进居民主动健康、养成健康习惯、提升健康素养是目标。因此，主动健康是个体遵循自我健康第一责任人的理念，发挥主观能动性，通过健康的生活方式预防疾病发生，同时表现为以政府为主导、多部门合作的，外部健康服务干预为个体主动健康进行引导的活动。

2.1.6 旅游支持行为

旅游支持行为通常指的是一系列旨在促进旅游业发展、提升旅游体验、保护旅游资源和环境以及维护旅游市场秩序的行为和活动。这些行为涉及多个层面和主体，包括但不限于政府部门、旅游从业者、当地居民、游客以及各类旅游相关组织等利益相关者。具体来说，利益相关者旅游支持行为可以包括以下几个方面：（1）政府支持和监督，政府制定和实施有利于旅游业发展的政策。如税收优惠、投资支持等，同时加强对旅游市场的监管，确保旅游业的健康发展。（2）旅游企业提升服务质量，进行旅游宣传和推广。如加强对旅游从业人员的培训和教育，提高他们的专业素养和服务水平，为游客提供优质的旅游体验，通过各种渠道和方式宣传旅游目的地的特色和优势，吸引更多的游客前来旅游，推动旅游业的发展等。（3）旅游目的地社区的积极参与。例如当地居民积极参与旅游业的发展，分享旅游业带来的收益，同时加强与游客之间的良性互动和交流，增进相互理解，建立友好关系。

利益相关者旅游支持行为在旅游发展中发挥着至关重要的作用，他们对旅游业的支持被认为是实现旅游业可持续发展、提升旅游吸引力的重要前提。现有研究多从居民视角对旅游支持行为进行探究。支持行为的本质是个体实践某项活动的自我可能性评估。秦亚楠结合国内外学者的研究观点将旅游支持度总结概括为居民能够认识到旅游为当地带来的正向影响、乐于配合当地的旅游开发规划以及为当地旅游的发展作出自己的贡献的程度。但也有不少学者将居民对旅游业的支持看作是行为意向或是行为，指旅游目的地居民愿意支持或参与社区旅游发展的行为意向。同时，其他利益相关者旅游支持行为多从实证研究角度进行分析，学界并未作出具体的定义。政府的旅游支持行为主要体现在政府对旅游业的扶持和推动上，具体表现为政府的引导、监督作用以及政策支持等，为形成良好的旅游发展环境提供保障。旅游企业的旅游支持行为多从产业发展、创新等角度探究其促进当地旅游业发展的行为。本书结合利益相关者视角，将康养旅游目的地旅游支持行为定义为政府、旅游企业、居民等利益相关者为康养旅游目的地的旅游高质量发展以及提升游客体验感知等所做的积极的支持行为。

2.2 康养旅游吸引力相关研究理论

2.2.1 康复性景观理论

康复性景观理论起源于健康地理学，其核心思想在于阐述特定地方或环境对人体治愈的积极作用。康复性景观理论帮助人们系统地认识环境和健康之间的相互作用关系，深入研究身体、心理、精神、环境之间的相互作用。康复性景观理论与近些年新兴的康养旅游之间有着天然的契合关系。Wilbert Gesler 于 20 世纪 90 年代提出了康复性景观理论，认为健康的环境作为一种支持性环境，能够对人们的身体和心理产生积极作用。后来，Gesler 又提出了康复性景观理论的三大维度，即物质环境、社会环境以及符号环境。物质环境指的就是自然环境、建筑环境等一切有利于身体康复的基础环境条件；社会环境则包含人所处环境的社会关系，以及一些有利于个体健康发展的社会条件；符号环境则被认为是物质环境和社会环境的连接。Bell 在 Gesler 研究的基础上，对康复性景观理论从物质、社会、精神、象征 4 个方面进行了系统阐述，同时对各维度所包含的要素进行了分析。

康复性景观在旅游领域的应用逐渐得到广泛的关注与认可。其核心理念在于利用自然景观和人工设计的环境元素，促进游客的身心健康与疗愈，主要体现在身心舒缓与压力释放、康复疗愈与健康促进、特色旅游与健康养生、教育宣传与社区参与等方面。其通过营造宁静、和谐的环境氛围，为游客提供一个远离城市喧嚣、释放压力的场所；利用植物、水体、阳光等自然元素，结合专业设计的步道、座椅、观景台等设施，为游客提供多种康复体验；将康复性景观与当地的自然景观、文化遗产等资源相结合，可以打造出独具特色的旅游线路和产品，满足游客对健康与休闲的双重需求；通过社区参与的方式，让当地居民参与康复性景观的建设与管理，不仅可以增强社区凝聚力，还可以促进当地经济的可持续发展。康复性景观对健康有积极的影响，在满足康养旅游者对健康环境的需要的同时，对于康养旅游目的地旅游吸引力的提升具有良好的作用，因此选择康复性景观理论作为本书探究康养旅游吸引力模型构建及完善指标体系的理论支撑。

2.2.2 旅游空间结构理论

旅游空间结构理论主要关注旅游活动中各要素的空间分布、组织及相互关系，旨在优化旅游资源配置，提升旅游业的整体效益。旅游空间结构理论在长期发展中形成了系列理论，主要包含区位理论、点－轴理论、增长极理论、核心－边缘理论、圈层结构理论等。

区位理论能够在空间维度和资源市场关系方面对经济现象进行定量分析，还能够通过进一步地建立区位模型，帮助探究农业、工业、城市功能区等的开发建设的空间格局问题。在旅游领域，区位理论能够用于探究一定区域内的旅游空间结构布局、设计旅游线路、发挥区位优势、探寻旅游发展战略以及选择旅游相关功能场所等。

点－轴理论中，"点"一般指区域内的经济增长点，"轴"为区域内物质、信息、能量的流动方向，一般为交通线、通信线、水源线等。点－轴模式体现了社会经济空间组织的有效形式，是区域生产力合理布局和城市重点发展战略制定的重要理论依据。该理论同样适用于旅游开发，"点"是旅游中心城市或者高等级旅游节点，"轴线"为连接城市之间或景区之间或景点之间的旅游通道。

增长极理论关注的是增长点对周围区域的带动效应，强调对周边区域产生积极影响。增长极理论认为经济发展是不平衡的，区域经济发展在空间上将产生极化效应和扩散效应。在旅游开发中，首先需要培育旅游增长极，进而通过增长极的发展和辐射作用带动整体旅游产业的综合发展。旅游增长极通常是指拥有较高旅游资源价值、经济社会发展水平较高、区位条件良好的旅游节点。

核心－边缘理论认为任何一个国家或地区都是由核心区域和边缘区域组成的。在旅游情景中，核心区域通常指主要的旅游城市或景区，而边缘区域则是指旅游资源较少、有待进一步开发的地区。核心与边缘之间存在不平等的发展关系，但随着时间的推移，这种关系可能会发生变化。

圈层结构理论认为城市和城市外围区域是一个紧密联系的有机体。在这个有机体中，城市起着经济中心的作用，对周围地区产生吸引和辐射作用，但受"距离衰减法则"的作用，对周围地区的吸引和辐射强度是有差异的，这就会导致区域形成圈层状的空间结构。这一理论描述了旅游空间结构中的层次性，不同的圈层代表不同的发展水平或功能定位。

总的来说，旅游空间结构理论是一个复杂而多面的理论体系，它涉及多个学科的知识，并提供了理解和优化旅游空间结构的工具和方法。这些理论不仅有助于指导旅游规划和开发实践，还有助于推动旅游业的可持续发展。

旅游空间结构是旅游目的地、客源、交通、产业、资源等在地理空间上的分布形态与相互联系，主要包括旅游空间节点、轴线、域面及网络4个核心要素。旅游空间结构理论是旅游地理研究的重要理论，主要探究旅游系统及旅游要素在空间内部的相互作用，其空间聚集程度和空间状态，体现出旅游要素在空间维度的相互关系以及活动规律。旅游空间结构是从地理学的角度探讨区域旅游业的增长问题。旅游空间结构理论将一定空间地域范围内的旅游系统要素视作一个相互联系的有机组织，不仅关注旅游空间结构关联，还积极探索旅游业系统的时间演化规律。本书通过康养旅游吸引力的空间结构分析，对历年康养旅游发展的空间演变特征及空间关系进行研究，以期提升区域康养旅游吸引力，促进区域康养旅游协调发展。

2.2.3 推拉理论

推拉理论是用于研究人口流动以及移民现象的基础理论之一。该理论强调经济因素在人口流动中具有重要作用，认为劳动力的流动是流出地和流入地之间推力和拉力共同作用的结果。推拉理论认为，在市场经济和人口自由流动的情况下，迁移之所以发生，是因为人们可以通过流动就业改善生活条件。英国学者 E. Ravenstien 通过分析人口流动的规律，提出人口流动的原因主要包括内因和外因两个方面。人口流动主要是推力和拉力两个方面综合作用的结果。人类为了生存，会寻找有利的生存环境，从而出现种族迁移和人口流动现象。不利的生存条件是促使人类进行移动的推力，而其他地方良好的生存环境则是拉力，两个方面的综合作用导致人口流动和迁移。Dann 将推拉理论应用于旅游研究之中，诠释旅游流的产生原因和现象。推拉理论在旅游领域的应用主要体现在对旅游动机和旅游目的地属性的研究上。推拉理论认为，旅游者前往旅游目的地进行旅游活动主要是推力、拉力以及阻力 3 个方面综合作用的结果。旅游者的需求和目的成为旅游者进行旅游活动的推力，而旅游目的地对旅游者产生的吸引力形成了旅游活动的拉力，旅游活动过程中需要考虑的成本以及各种问题则构成了旅游者进行旅游活动的阻力。三者是同时发生、共同影响旅游者的。推拉理论在旅游领域的应用，不仅有助于我们理解旅游者的行为动机和选择偏好，也为旅游目的地的规划和发展提供了重要的指导。通过对推力和拉力因素的分析，可以更有针对性地满足旅游者的需求，提高旅游目的地的吸引力，促进旅游业的可持续发展。

基于推拉理论，本书重点针对康养旅游吸引力构成维度进行研究，运用熵权法、空间分析法、地理探测器等方法构建康养旅游评价指标体系；运用文献分析和问卷分析方法探究供给侧利益相关者对旅游吸引力的促进作用。推拉理论对于康养旅游吸引力提升策略的提出同样具有重要指导意义，有助于针对性地提高康养旅游目的地的吸引力，增强旅游地的拉力作用。

2.2.4 认知－情感－行为理论

认知－情感－行为理论起源于心理学领域，是用于解释个体行为发生的理论。公认的认知－情感－行为理论是由霍夫兰和罗森堡提出的，突出态度反应的预想倾向。两位学者认为，态度是由认知、情感和行为构成的。其中，认知指个人基于经验和知识积累感知某事物而产生的认识、理解与评价。个体认知评价是一种对来源于外部环境、个体历史经历以及其主动关注等方面的信息进行处理加工的过程，包括对自我的内部评价和对外在环境感知的外部评价。本书所研究的认知部分对应的是利益主体的感知获益、感知成本、感知公正的外部环境和主动健康的内部维度。情感（affection）是个体基于对客观事物的感知产生的心理感受，包括喜、怒、哀、惧等。本书的情感部分包括积极情感和消极情感。行为是个体对某种事物产生接纳或排斥的反应倾向，进而所形成的行为。心理学上关于态度的认知－情感－行为理论认为，人对事物的认知会影响其情感，进而影响行为意向，认知也会直接影响行为意向。本书的利益相关者支持行为指主体实践康养旅游支持活动的自我可能性评估。本书的行为包括利益相关者的供给侧支持行为和需求侧支持行为。

认知－情感－行为理论在旅游领域的应用主要体现在对旅游者心理和行为的理解与预测上。这一理论框架为分析旅游者的决策过程、体验感受以及后续行为提供了有力的工具。目前部分学者也将认知－情感－行为理论应用于居民的旅游支持行为研究中，探索居民旅游支持行为的影响因素，以更好地促进旅游地的可持续发展。

2.2.5 利益相关者理论

利益相关者理论强调企业的经营管理者需要综合平衡各个利益相关者的利益要求。该理论认为，任何一个公司的发展都离不开各利益相关者的投入或参与，企业追求的是利益相关者的整体利益，而不仅仅是某些主体的利益。将利益相关者理论与旅游相结合，产生了旅游利益相关者，旅游利益相关者是指在旅游活动中能够影响旅游目标实现或被旅游目标实现过程所影响的个人或群体。当前，我国旅游业包含很多主体，如：政府、企业、旅游者、当地居民以及社会组织等。他们之间的关系错综复杂，既有合作也有竞争。例如，旅游企业和当地居民之间可能存在利益冲突，需要政府进行协调；同时，政府也需要对旅游活动进行监管，以确保其符合法律法规和社会道德规范要求。科学有效地进行利益相关者管理，有助于平衡旅游目的地各利益相关者之间的利益诉求，优化主体之间的利益关系，从而促进各利益主体的支持行为，提升旅游吸引力。

利益相关者理论在旅游领域的应用主要体现在旅游规划与开发、旅游经营与管理、旅游利益分配等方面。该理论强调社区参与旅游决策的重要性，并倡导公平分享旅游利益以及公平分担旅游的负面影响。通过综合考虑各利益相关者的需求和利益，可以制定更加科学合理的旅游发展战略和政策措施，推动旅游业的可持续发展。利益相关者理论在旅游研究中的应用还需要结合研究情景和实证案例进行深入研究和实践探索。不同的旅游目的地和企业可能面临不同的利益相关者关系和利益诉求，因此需要因地制宜地制定相应的管理策略和措施。

2.2.6 社会交换理论

社会交换理论是一种解释社会关系的理论，它主张从经济学的投入-产出关系视角研究社会行为。这一理论强调个体行为是出于利益最大化的目的，即个体在社会交往中通过交换资源以实现自身利益最大化。社会交换理论是美国著名社会学家 Homans 于 20 世纪中期提出的。该理论结合了人类学、心理学、行为学、社会学、古典政治经济学等学科的理论。社会交换理论认为，个体和群体在具有社会特征的交换情境中建立起互换资源的交往关系，行动者在社会交换中获得有价值的回报或利益，人们会不断权衡成本和收益，如果个体感觉在一段关系中得到的回报不足以补偿其付出的努力，可能会选择终止这种关系。维系彼此之间社会性契约的关键是信任的产生和维系。交换物不仅包括物质、利益的交换，还包括获得精神及心理的报酬（如支持、信任、服务、自尊和威望等）。社会交换理论多运用于组织行为学研究，20世纪80年代末被引入旅游研究领域，是解释利益主体对旅游发展的态度、支持程度较为理想的理论指导框架，主要用于研究社区居民与游客、居民与旅游目的地、居民与旅游企业以及旅游企业与游客间的关系。该理论强调，在旅游发展过程中，居民与旅游发展之间存在一种资源交换的关系，这种交换关系直接影响居民对旅游发展的态度和感知。收益和成本是社会交换理论中的两个基本要素，可以细分为经济、社会、环境等方面的收益和成本感知。每个利益主体都希望以较小的成本获取较大的利益，交换的持久性和扩展性建立在双方信任的基础上。根据社会交换理论，旅游主体对交换过程中付出的代价和获得收益的比较会直接影响当事人对旅游业的态度。如果从旅游发展中获得的利益超过了其付出的代价和承担的成本，那么他们对旅游业的发展将会持积极支持的态度，反之则会持消极抵制的态度。社会交换理论不仅可以协助预测各利益主体的感知和行为，也有助于理解不同利益相关者之间的复杂关系，指导旅游规划和政策制定。在旅游发展过程中，政府、旅游企业、当地居民和游客等各方利益相关者之间存在利益交换和冲突。社会交换理论可以帮助我们分析这些关系，揭示各方之间的利益博弈和交换过程。通过了解居民对旅游发展的期望和需求，以及他们在资源交换过程中的优势和劣势，制定更加符合各利益相关者利益的旅游发展规划和政策，促进旅游业的可持续发展。

2.2.7 感知公平理论

1965年，Adams提出了公平理论，研究工资报酬分配的合理性，因此被称为分配公平。个体会进行横向和纵向的对比，横向比较是个体将自己与他人进行比较，纵向比较则是个体将自己现在的收支比率与过去进行比较。随着公平理论在组织行为学、社会学等研究领域的运用，产生了特定情景下的公平理论，包括组织公平理论、服务公平理论等。目前，学者多运用公平理论评价个体的公平主观感受，提出感知公平概念。人类对公平的追求和维护是与生俱来的，感知公平体现了个体对外部公平性的内在感受。Ryan（2002）

结合旅游情景提出旅游公平，认为旅游开发应兼顾可持续发展与利益相关者的公平感知，使每一个人都有参与旅游发展的机会。他认为旅游公平包括两个方面，一方面，实现旅游企业和旅游目的地居民公平感知，也就是通常说的感知公平；另一方面，实现代际公平，实现旅游资源利用的可持续性。目前，已有部分学者将公平理论应用于旅游领域，拓展了感知公平在组织行为学研究中的概念含义，将目的地看成一个包括政府、旅游企业和居民在内的复杂的组织。利益主体在旅游发展过程中会获得相应利益，也会付出相应成本，他们基于利益和成本进行判断，并产生公平感知。高的公平感知能够促使利益主体更多地产生积极的态度和行为。

对于居民来说，他们可能会将自己从旅游发展中获得的收益与付出的成本进行比较，也会与周边其他旅游地居民进行比较，如果感知到自己的收入与付出不成正比时，可能会对旅游发展持消极态度，甚至产生抵触情绪。旅游企业内部，要关注员工之间的薪酬、晋升机会、工作负担等方面的公平性，如果员工感知到不公平，将会影响旅游企业的服务质量和竞争力。在旅游目的地与游客之间的关系管理方面，旅游目的地需要关注游客的需求和期望，提供公平、透明、高质量的服务，以吸引和留住游客。

关于感知公平维度的划分最先被关注到的是分配结果是否公平，主要指个体对组织资源配置和利益分配结果的公平感受，即分配公平。主体在社会组织中，不仅关注分配公平，还希望自己可以参与和监督分配过程，即程序公平，由 Thibaut and Walker 在司法领域提出。20 世纪 80 年代，Bies 等（1986）在研究实施分配程序中的人际关系时提出互动公平。还有学者基于三因素论，将互动公平拆分为人际公平和信息公平。对于感知公平的维度的划分，目前有 4 种观点：单因素论（分配公平）、双因素论（分配公平、程序公平）、三因素论（分配公平、程序公平、互动公平）和四因素论（分配公平、程序公平、人际公平和信息公平）。本书结合研究情景和相关学者论述，运用双因素维度划分来支撑理论模型的构建。

第 3 章 康养旅游吸引力评价

3.1 康养旅游吸引力评价理论模型构建

康养旅游是我国近些年新兴的旅游业态，建立在自然生态和人文社会等综合环境因素基础之上。吸引旅游者开展康养旅游的是那些具有健康恢复作用的景观因子，且这里的景观因子范畴比较广泛，不仅指自然生态景观，还包括社会环境、人文景观、文化内涵等。康复性景观所界定的有利于人们身心健康的环境、社会和符号 3 个维度的综合因子恰好契合了康养旅游的发展理念。因此，本书主要根据康复性景观的环境、社会和符号 3 个维度来构建康养旅游吸引力评价模型。

从康复性景观的 3 个维度来看，康养旅游目的地的自然生态环境、基础设施支撑等作为环境要素，是促进康养旅游者身心健康的基础条件。而社会经济基础、医疗社会保障、城市建设作为康养旅游目的地的社会支撑条件，也是康养旅游者衡量康养旅游目的地吸引力的重要因素，尤其是老年人和亚健康人群，对于康养旅游地的社会发展水平有更强的依赖性。此外，康养旅游目的地具备的有关文化、娱乐、艺术、休闲、健康等的符号、氛围和文化价值对于游客获得健康体验也具有重要作用，从全域旅游目的地建设视角来看，这些都是康养旅游目的地需要重视和打造的康养旅游吸引物的重要组成部分。

可见康复性景观的 3 个维度对康养旅游吸引力研究具有较强的指导价值，现有研究也验证了康复性景观运用于康养旅游研究的合理性。黄清燕对旅游地日常生活的康复性意义进行了分析，借助康复性景观理论阐释旅游地与旅游者健康体验之间的内在关联机制。黄力远、徐红罡则利用康复性景观理论从自然环境、社会环境以及符号环境角度阐述了养生旅游对健康的积极作用。因此，本书基于康复性景观的环境、社会和符号 3 个维度构建了康养旅游吸引力评价的理论模型（见图 3-1），包括康养旅游环境吸引力、社会吸引力以及符号吸引力，及其之间的相互关系和作用机制，以期更为全面、合理地评价康养旅游目的地的吸引力水平。

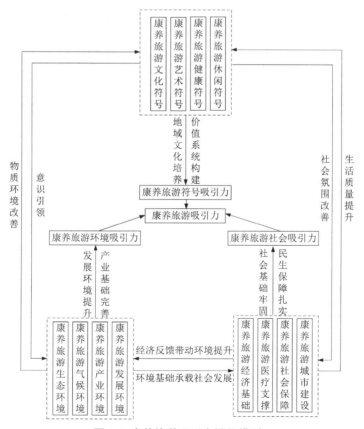

图 3-1 康养旅游吸引力评价模型

康养旅游环境吸引力主要指的是康养旅游目的地有利于旅游者身心健康以及支撑其开展康养旅游的环境要素所形成的吸引力。其不仅包括优质的自然环境、气候环境，还包括良好的旅游产业环境和发展环境，体现康养旅游目的地的综合实力，是康养旅游吸引力的重要组成部分。优越的生态环境和完善的产业基础能够有效提升康养旅游的基础环境吸引力。

康养旅游社会吸引力主要指的是支撑康养旅游发展的经济社会发展水平和民生保障水平，以及医疗、养老等相关产业的联动吸引效应。康养旅游社会维度的吸引力主要来源于良好的社会经济基础、医疗支撑、社会保障以及城市建设水平，是区域康养旅游发展的重要支撑要素，也是吸引康养旅游者放心地开展健康、养生、养老、旅居等康养旅游行为的重要因素。

康养旅游符号吸引力主要指的是目的地独特的康养价值体系可以帮助康养旅游者实现精神层面的疗愈，从而形成的吸引力。康养旅游发展过程中融合的文化艺术、生活方式以及健康长寿的区域符号，都是吸引康养旅游者的重要因素。

从3个维度的相互作用关系来看，康养旅游社会吸引力能够支撑康养旅游环境吸引力的形成和发展，优质的环境要素能够反哺经济社会的发展，而环境要素的改善还能够加强目的地康养文化价值体系的构建，康养文化符号又能够进一步引领康养环境的迭代升级。康养文化符号与经济社会发展也同样存在着互相促进的关系：经济的高质量发展以及城市设施建设的完备带动环境条件的改善，促进康养旅游环境吸引力的提升；同时发展过程中形成的独特康养文化和价值形态，成为目的地区域康养旅游符号的重要组成，有助于实现康养旅游符号吸引力的提升。因此，3个维度要素之间互相支撑，共同构成了区域康养旅游的综合吸引力。

3.2 康养旅游吸引力评价指标体系构建

3.2.1 评价指标体系构建原则

（1）可操作性和科学性相结合的原则。以相关经济数据作为支撑，具有科学可信度。选用官方公布的数据，具有权威性和可操作性，且方便获取和计算。同时需要注意的是，康养旅游吸引力的比较研究应寻找各省市都有的具有可比性的普适性指标。

（2）客观性和全面性相结合的原则。应当充分考虑康养旅游吸引力涉及的环境资源、社会发展、文化象征等多方面因素，所以在选择相关指标时应选择官方公布的全面数据，并且以客观数据为主，从而保证评价结果的客观、科学和公正。

（3）层次性和系统性相结合的原则。康养旅游吸引力的评价内容相对复杂，指标选取上需要有系统的观念，从宏观到微观层层分解。要保证指标相互独立、完整准确。康养旅游吸引力从环境吸引力、社会吸引力、符号吸引力方面分类进行研究，再根据一定层次对其进行分解，确定具体指标，最终构成具有层次结构的旅游业吸引力评价指标体系。

（4）突出特色原则。目前，康养旅游开发存在同质化和开发力度不够等问题，对游客的吸引力参差不齐。因此，康养旅游吸引力评价指标体系构建应突出旅游目的地的健康养生特色，具有主题性。在提出康养旅游吸引力水平提升策略时，还要坚持因地制宜的原则。

3.2.2 康养旅游吸引力评价指标体系

结合理论模型中已构建的一级和二级指标，进一步细化三级指标体系。重点依据康复性景观 3 个维度的具体内涵以及《国家康养旅游示范基地标准》中对于康养旅游的具体要求，将这些具体要求结合 3 个维度以及现有文献进行归类梳理，选取合适的三级指标。具体指标体系如表 3-1 所示。

表 3-1 康养旅游吸引力评价指标体系

一级指标	二级指标	三级指标
康养旅游环境吸引力	康养旅游生态环境	建成区绿化覆盖率 /% 废气排放总量 /t 生活垃圾无害化处理率 /% 国家自然保护区面积 / 万 hm²
	康养旅游气候环境	湿度舒适度等级 风寒舒适度等级 着衣舒适度等级
	康养旅游产业环境	旅行社数量 / 个 星级饭店数量 / 个 A 级景区数量 / 个
	康养旅游发展环境	旅游总收入 / 亿元 旅游总人数 / 万人 游客周转量 / 亿人公里 客运量 / 万人
康养旅游社会吸引力	康养旅游经济基础	人均可支配收入 / 元 城镇失业率 /% 人均 GDP/ 元 人均消费支出 / 元
	康养旅游医疗支撑	医疗卫生机构数量 / 个 每万人医疗卫生机构床位数 / 个 每万人口卫生技术人员数 / 人 医疗卫生支出 / 亿元
	康养旅游社会保障	养老机构数 / 个 生活最低保障平均标准 / 元 基本医疗保险参保人数 / 万人 养老保险参保人数 / 万人
	康养旅游城市建设	每万人拥有公共交通数 / 标台 人均城市道路面积 /m² 每万人拥有厕所数量 / 座 人均公园绿地面积 /m²

（续表）

一级指标	二级指标	三级指标
康养旅游符号吸引力	康养旅游文化符号	人均拥有图书馆藏量 / 本
		博物馆数量 / 个
		人均文化事业费 / 元
	康养旅游艺术符号	艺术表演机构数 / 个
		表演场馆数量 / 个
		艺术表演团体演出次数 / 次
	康养旅游健康符号	健康监测人数 / 万人
		居民人均就诊次数 / 次
		居民住院人数 / 万人
		人口死亡率 /%
	康养旅游休闲符号	公园个数 / 个
		文化、体育、娱乐法人单位数 / 个
		教育文化娱乐消费价格指数

注：对于较难获得直接数据的湿度舒适度、风寒舒适度、着衣舒适度，先计算温湿指数、风效指数、着衣指数，再根据舒适度等级进行赋值，保证数据的合理性，具体方法参考曹云的相关研究。

康养环境吸引力方面：在康养旅游环境吸引力评价指标中，不仅应包括自然环境，还应包括康养旅游发展所必需的产业条件以及发展环境，因此在康养吸引力的评价指标体系中，环境吸引力方面的评价指标包括康养旅游生态环境、康养旅游气候环境、康养旅游产业环境以及康养旅游发展环境4个方面。生态环境和气候舒适度是康养旅游地赖以生存的基础条件，也是影响康养旅游者旅游决策的首要因素。康养旅游产业环境以及康养旅游发展环境不仅能够表现出旅游目的地较为完备的产业结构，还能体现良好的发展前景。本书结合现有文献、康复性景观的理论内涵和康养旅游的主要属性，对具体评价指标体系进行构建。生态环境和气候环境指标下的三级指标构建主要参照《国家康养旅游示范基地标准》相关要求以及赵筱青、谷永泉等人的研究，选取了对康养旅游吸引力影响较强的环境指标。康养旅游生态环境通过建成区绿化覆盖率、废气排放总量、生活垃圾无害化处理率、国家级自然保护区面积 4 个指标来进行评价；康养旅游气候环境通过湿度舒适度等级、风寒舒适度等级、着衣舒适度等级 3 个指标进行评价。康养旅游产业环境以及发展环境不仅能够表现出目的地较为完备的产业结构，同时也反映出目的地康养旅游发展的整体实力。由于康养旅游的发展依赖当地旅游产业的发展，因此康养旅游产业环境以及康养旅游发展环境指标下的三级指标构建应依托该区域旅游产业整体的环境。康养旅游产业环境发展从旅行社数量、星级饭店数量、A 级景区数量方面进行评价。综合考虑康养旅游与整体旅游产业的联系，康养旅游发展环境则是从旅游总收入、旅游总人数、游客周转量以及客运量等方面来进行评价。

康养旅游社会吸引力方面：康养旅游社会吸引力评指标体系的构建应依据康养旅游地的经济条件，涉及城市建设、民生保障以及医疗发展等多方面的综合发展情况。在康养旅游吸引力评价指标体系中的社会方面，从康养旅游经济基础、康养旅游医疗支撑、康养旅游社会保障、康养旅游城市建设 4 个方面来进行构建。康养旅游经济基础为康养旅游发展提供所需的经济支撑，结合《国家康养旅游示范基地标准》相关要求以及现有文献，将其量化为人均可支配收入、城镇失业率、人均 GDP 以及人均消费支出。而康养旅游医疗支撑和社会保障，显示出目的地社会发展的软实力，也是老年人或亚健康人群等主要康养旅游者选择康养旅游目的地的着重关注点。因此，康养旅游医疗支撑下的三级指标主要依据当地能为康养旅游者提供心理治疗与健康康复医疗资源的情况进行制定。选取医疗卫生机构数量、每万人医疗卫生机构床位数、每万人口卫生技术人员数以及医疗卫生支出作为评价康养旅游医疗支撑水平的评价指标。社会保障方面则选取养老机构数、生活最低保障平均标准、基本医疗保险参保人数和养老保险参保人数作为三级指标。城市建设是旅游目的地发展康养旅游的硬性条件，也是目的地形象的直观展示，参照《国家康养旅游示范基地标准》以及现有文献，选取每万人拥有公共交通数、人均城市道路面积、每万人拥有厕所数量、人均公园绿地面积等反映旅游城市硬件条件支撑的指标作为衡量城市建设水平的依据。

康养旅游符号吸引力方面：康养旅游符号吸引力指标应该能够显示出当地的文艺发展、居民健康长寿文化、娱乐休闲水平等基本情况，这也是目的地宜居性的重要体现。因此从康养旅游文化符号、康养旅游艺术符号、康养旅游健康符号以及康养旅游休闲符号4个方面进行指标体系构建。文化和艺术能够显示出独特的地域康养底蕴，可以强化康养旅游目的地对康养旅游者的心理疗愈作用，康养旅游地的公共文旅服务是当地文化和艺术发展的重要载体与主要衡量指标，因此参照刘英基等人关于文旅公共服务的研究，以及《国家康养旅游示范基地标准》中的相关要求，将人均拥有图书馆藏量、博物馆数量和人均文化事业费作为康养旅游文化符号的三级指标；将艺术表演机构数、表演场馆数量和艺术表演团体演出次数作为康养旅游艺术符号的三级指标。健康符号与康养旅游地居民生活方式、医疗条件、健康水平等多方面具有密切关系，对康养旅游者具有较大吸引力。结合现有研究进行综合分析，根据《国家康养旅游示范基地标准》中的相关要求，将康养旅游健康符号量化为健康监测人数、居民人均就诊次数、居民住院人数和人口死亡率4个指标。休闲符号是康养旅游地居民生活方式的体现，是康养旅游目的地文化、体育、娱乐综合作用的结果，因此选择公园个数，文化、体育、娱乐法人单位数和教育文化娱乐消费价格指数作为康养旅游休闲符号的三级指标。

3.3 康养旅游吸引力水平测度

3.3.1 研究方法

本书通过上述构建的康养旅游吸引力评价指标体系，利用熵值法计算各指标所占权重，并计算出案例区各省市以及不同区域的康养旅游环境、社会以及符号三大维度的吸引力指数及整体吸引力指数，并对其历年演变情况进行研究，以分析其时间演变特征。为深入分析康养旅游吸引力的变化，计算历年各项吸引力指数的差值，分析案例区各省市三大维度历年间的增长幅度，以此来判断各省市的康养旅游吸引力的发展情况。同时取各省市康养旅游吸引力指数的平均值，获得康养旅游吸引力得分，以对案例区各省市的旅游吸引力进行排序。

（1）标准化处理：

正指标：$Y_{ij} = (X_{ij} - X_{min}) / (X_{max} - X_{min})$ （3-1）

负指标：$Y_{ij} = (X_{max} - X_{ij}) / (X_{max} - X_{min})$ （3-2）

（2）熵权法求权重：

比重变换：$P_{ij} = Y_{ij} / \sum_{i=1}^{n} Y_{ij}$ （3-3）

计算熵值：$A_{ij} = -\frac{1}{\ln n} \sum_{i=1}^{n} P_{ij} \ln P_{ij}$ （3-4）

计算权重：$W_{ij} = (1 - A_{ij}) / \left(n - \sum_{i=1}^{n} A_{ij} \right)$ （3-5）

式中：X_{ij} 为某省第 i 年第 j 个指标的值，X_{max} 为第 j 个指标的最大值，X_{min} 为第 j 个指标的最小值，Y_{ij} 为第 i 年第 j 个指标的标准值，P_{ij} 为第 i 年第 j 个个指标值标准化后进行比重变换的结果，A_{ij} 为第 i 年第 j 个指标的熵值，W_{ij} 为第 i 年第 j 个指标值的权重。

将各省市康养旅游吸引力评价指标的综合权重值与熵值法步骤中经过标准化的数据相乘，可以得到各省市康养旅游吸引力的综合得分与排名：

吸引力指数：$U = \sum_{i=1}^{m} W_{ij} Y_{ij}$ （3-6）

（3）气候舒适度计算公式：

温湿指数（THI）$=(1.8 \times T + 32) - 0.55 \times (1 - HR) \times (1.8 \times T - 26)$

（3-7）

风效指数（WEI）$= -(10 \times \sqrt{V} + 10.45 - V) \times (33 - T) + 8.55 \times S$

（3-8）

着衣指数（ICT）$=(33 - T)/(1.15 \times H) - (H + A \times R \times \cos a) /$

$[H \times (0.62 + 19 \times \sqrt{V})]$ （3-9）

式中：T 为温度，HR 为相对湿度，V 为风速，S 为日照时数，R 为垂直阳光的单位面积土地所接收的太阳辐射，一般取数 $R= 1\ 367$ W/m²。将计算出来的温湿指数、风效指数、着衣指数按照舒适程度进行分级并赋值，以此来获得各个省市的湿度舒适度、风寒舒适度以及着衣舒适度，从而保证数据合理。

3.3.2 典型案例区

长江经济带是以长江为主线、以沿途涉及的省市为节点的带状经济区，是我国经济高质量发展的重要战略区域，与京津冀、黄河流域、粤港澳大湾区等共同构成国家空间发展战略支柱。长江经济带贯穿中国东部、中部、西部，涉及由东向西的 11 个省市，是中国高质量发展的一条黄金旅游带。这一区域不仅经济发展程度较高，获得政府的各种宏观政策支持，而且面积广阔、人口众多、康养旅游资源丰富、民族构成多样、民俗文化独具特色，是我国重要的康养旅游目的地。长江经济带较珠三角、京津冀等地区覆盖范围更广，该地区自然条件优越、物候条件良好，契合康养旅游发展的要求，是中国康养旅游发展较快的区域之一。长江经济带共有全国森林康养示范基地 286 个，占全国森林康养示范基地总数的 47.43%，是发展康养旅游的重点区域。长江经济带拥有优越的区位条件、便捷的交通网络、完备的产业体系、成熟的旅游发展模式和完整的产业链，这为康养旅游发展提供了良好的基础。根据 2016 年中共中央政治局审议通过的《长江经济带发展战略规划纲要》中的地区划分，长江经济带被分为 3 个区域：东部区域涵盖了上海、江苏和浙江，中部区域包括安徽、江西、湖南和湖北，西部区域包括四川、重庆、云南和贵州。《长江国际黄金旅游带规划纲要》等一系列政策的出台与实施，不仅为长江经济带特色旅游路线的开发提供了有力支撑，而且在助推康养旅游高质量发展、实现康养旅游产业环境升级方面具有积极的促进作用。然而，现阶段长江经济带存在各省市康养旅游吸引力不均衡、产业发展不够规范、康复性景观的价值尚未完全有效发挥、区域内的统筹协调发展亟待加强等问题。因此，本书选取长江经济带作为典型案例区，探究其康养旅游吸引力水平及时空格局。

3.3.3 数据来源及指标权重

3.3.3.1 数据来源

本书所使用数据来源于 2012—2021 年的《中国统计年鉴》《中国旅游统

计年鉴》《中国文化和旅游统计年鉴》《中国环境统计年鉴》《中国城市统计年鉴》《中国民政统计年鉴》《中国卫生健康统计年鉴》《中国社会统计年鉴》，以及全国各省区的统计年鉴及国民经济和社会发展统计公告，对于指标中个别年份缺失的数据用插值法进行补位。

3.3.3.2 指标权重

结合所收集的典型案例区近 10 年的康养旅游相关数据，运用熵值法进行初步处理和归一化计算，最终得出指标具体权重系数，如表 3-2 所示，以为后文的吸引力指数测算做好数据准备。

表 3-2 康养旅游吸引力评价指标体系权重测算结果

一级指标	二级指标	三级指标	权重
康养旅游环境吸引力	康养旅游生态环境	建成区绿化覆盖率 /%	0.004 7
		废气排放总量 /t	0.002 7
		生活垃圾无害化处理率 /%	0.005 7
		国家自然保护区面积 / 万 hm^2	0.061 5
	康养旅游气候环境	湿度舒适度等级	0.005 6
		风寒舒适度等级	0.061 1
		着衣舒适度等级	0.003 2
	康养旅游产业环境	旅行社数量 / 个	0.021 6
		星级饭店数量 / 个	0.018 8
		A 级景区数量 / 个	0.021 6
	康养旅游发展环境	旅游总收入 / 亿元	0.021 7
		旅游总人数 / 万人	0.013 7
		游客周转量 / 亿人公里	0.014 5
		客运量 / 万人	0.019 0
康养旅游社会吸引力	康养旅游经济基础	人均可支配收入 / 元	0.022 2
		城镇失业率 /%	0.009 8
		人均 GDP/ 元	0.019 2
		人均消费支出 / 元	0.020 2

（续表）

一级指标	二级指标	三级指标	权重
康养旅游社会 吸引力	康养旅游医疗支撑	医疗卫生机构数量 / 个	0.028 7
		每万人医疗卫生机构床位数 / 个	0.056 3
		每万人口卫生技术人员数 / 人	0.055 0
		医疗卫生支出 / 亿元	0.011 4
	康养旅游社会保障	养老机构数 / 个	0.018 3
		生活最低保障平均标准 / 元	0.018 0
		基本医疗保险参保人数 / 万人	0.023 7
		养老保险参保人数 / 万人	0.029 0
	康养旅游城市建设	每万人拥有公共交通数 / 标台	0.017 7
		人均城市道路面积 /m²	0.009 5
		每万人拥有厕所数量 / 座	0.010 1
		人均公园绿地面积 /m²	0.016 0
康养旅游符号 吸引力	康养旅游文化符号	人均拥有图书馆藏量 / 本	0.049 2
		博物馆数量 / 个	0.018 0
		人均文化事业费 / 元	0.031 5
	康养旅游艺术符号	艺术表演机构数 / 个	0.034 3
		表演场馆数量 / 个	0.032 5
		艺术表演团体演出次数 / 次	0.066 3
	康养旅游健康符号	健康监测人数 / 万人	0.028 6
		居民人均就诊次数 / 次	0.021 3
		居民住院人数 / 万人	0.014 2
		人口死亡率 /%	0.010 6
	康养旅游休闲符号	公园个数 / 个	0.021 2
		文化、体育、娱乐法人单位数 / 个	0.025 3
		教育文化娱乐消费价格指数	0.006 5

3.3.4 康养旅游吸引力指数分析

根据吸引力指数测算方法，先分别计算得出各地区不同维度康养旅游吸引力的具体指数值，再进一步测算得出各地区康养旅游综合吸引力水平。

3.3.4.1 康养旅游环境吸引力指数分析

表 3-3 中列出的数值是计算得出的康养旅游环境吸引力指数，可以看出，在 2011 年到 2020 年 10 年间，长江经济带各省市康养旅游环境吸引力水平得到不同程度的提升，各省市的康养旅游在生态环境、气候环境、产业环境以及发展环境等方面都得到有效的改善，这得益于各省市对康养旅游发展的大力支持。

表 3-3 长江经济带康养旅游环境吸引力指数

地区	2011年	2012年	2013年	2014年	2015年	2016年	2017年	2018年	2019年	2020年	得分
上海	0.029	0.036	0.036	0.037	0.059	0.044	0.042	0.044	0.045	0.045	0.042
江苏	0.096	0.105	0.098	0.098	0.099	0.099	0.107	0.113	0.111	0.107	0.103
浙江	0.086	0.091	0.147	0.088	0.088	0.145	0.157	0.165	0.167	0.163	0.130
东部	0.070	0.077	0.093	0.074	0.082	0.096	0.102	0.107	0.108	0.105	0.091
安徽	0.063	0.069	0.065	0.069	0.067	0.069	0.071	0.077	0.077	0.074	0.070
江西	0.107	0.109	0.111	0.113	0.117	0.121	0.126	0.132	0.137	0.138	0.121
湖北	0.118	0.123	0.122	0.129	0.130	0.133	0.139	0.141	0.150	0.142	0.133
湖南	0.128	0.132	0.133	0.137	0.138	0.138	0.146	0.148	0.154	0.130	0.139
中部	0.104	0.108	0.108	0.112	0.113	0.115	0.121	0.125	0.129	0.121	0.116
重庆	0.104	0.108	0.100	0.103	0.105	0.108	0.108	0.112	0.115	0.115	0.108
四川	0.114	0.116	0.112	0.113	0.118	0.118	0.128	0.129	0.136	0.136	0.122
贵州	0.030	0.034	0.039	0.041	0.044	0.049	0.059	0.070	0.079	0.080	0.052
云南	0.127	0.130	0.132	0.138	0.141	0.133	0.149	0.093	0.159	0.163	0.136
西部	0.093	0.097	0.096	0.099	0.102	0.102	0.111	0.101	0.122	0.124	0.105
长江经济带	0.091	0.096	0.100	0.097	0.101	0.105	0.112	0.111	0.121	0.118	0.105

东部区域：上海市积极落实改善生态环境计划，持续改善生态环境质量，促进社会发展绿色转型，不断推进新型基础设施建设，实现了数字化升级，打造了高品质旅游度假区，不断推进城市更新和景区升级，促进了康养旅游环境吸引力提升。江苏省建设美丽江苏系统工程，大力推进绿色低碳高质量发展，打好污染防治攻坚战，推动生态环境建设高质量发展。此外，江苏省还制定了新型基础设施建设规划，完善了通信网络、交通物流、生活设施，部署算力基础设施，推进基础设施建设，旅游发展环境不断改善。"十三五"

期末，江苏省拥有国家全域旅游示范区 8 家、国家 5A 级旅游景区 25 家、国家级旅游度假区 7 家，数量均位居全国第一，品牌形象深入人心。浙江省则重点创建了生态文明示范区，不断夯实绿色发展基础，先后制定实施《浙江省环境功能区划》《浙江省生态保护红线》等，推动国家公园试点建设，推进美丽浙江建设行动。"十三五"期间，浙江省接待游客 32.1 亿人次，旅游总收入 46 607.8 亿元，拥有 5A 级旅游景区 19 家、国家级旅游度假区 6 家、星级饭店 554 家，数量均居全国前列，旅游发展环境优越。

中部区域：安徽省生态文明建设成效显著，在国家级生态文明示范创建方面取得了诸多新成果。安徽省全面实施大气、水、土壤污染防治三大行动计划，生态环境质量明显改善，不断推进绿色低碳转型，形成节约资源和保护环境的产业结构、生产方式。安徽省康养旅游产业发展环境日益完善，A 级旅游景区总数达 625 个，其中 5A 级景区 12 家，旅行社总数达 1 519 家，星级饭店 302 家，服务接待设施充足，品牌影响力逐渐提升，康养旅游环境吸引力显著增强。江西省则进一步深化落实生态文明建设，高标准打造美丽中国"江西样板"，统筹产业结构调整、污染治理、生态保护，深化国家生态文明试验区建设，生态环境治理效果得到进一步提升。江西省拥有 5A 级旅游景区 13 家，4A 级景区 167 家。江西省依托丰富的旅游资源积极实施"引客入赣"计划、智慧旅游发展建设计划等，旅游软实力不断增强。湖北省也不断加大力度开展生态建设，污染防治攻坚不断取得成效，生态环境质量持续改善，旅游发展环境水平不断提升。2019 年湖北省接待旅游人数 6.06 亿人次，旅游收入达到 6 927.38 亿元，旅游重点品牌加快形成。截至 2020 年底，湖北省拥有 A 级旅游景区 428 家，其中 5A 级旅游景区 13 家。"十三五"时期，湖南省坚决落实国家决策部署，扎实推进蓝天、碧水、净土三大保卫战，推进生态文明体制改革，生态环境质量得到明显改善。2021 年全省接待游客 5.3 亿人次，实现旅游收入 7 360 亿元。全省拥有 5A 级景区 11 家，4A 级景区 152 家。

西部区域：重庆市坚持生态文明建设，加强生态保护修复，持续开展"绿盾"自然保护地监督检查专项行动，深入实施"碧水、蓝天、绿地、田园、宁静"五大环保行动，环境质量明显改善。2022 年，重庆市接待过夜游客 5 456.46 万人次，旅游及相关产业实现增加值 1 063.26 亿元，拥有 5A 级景区 11 家，4A 级景区 140 家，拥有星级旅游饭店 139 家。四川省在生态环境建设方面也不断完善相关政策法规体系，大力改善大气环境、水环境和土壤环境，建设国家公园，加强自然保护地保护力度。"十三五"期间，四川省旅游总收入达 11 594.32 亿元，年均增速 16.89%。截至 2024 年 2 月，四川省拥有 5A 级景区 17 家，4A 级景区 335 家，五星级饭店 32 家，四星级饭店 110 家。"智游天府"文化和旅游公共服务平台正式上线。"十三五"期间，贵州省深入实施大生态战略行动，持续改善生态环境，绿色治理和生态修复力度持续加大，人居环境显著改善，文化事业和相关产业繁荣发展，旅游业实现井喷式增长。贵州省拥有国家 A 级旅游景区 460 家，国家级旅游度假区实现零的突破，旅游基础设施建设不断完善。近些年云南省生态文明建设也取得众多突破，绿色发展底色更加鲜明，生态环境质量持续保持优良，绿美云南建设全面开启。旅游发展环境方面，文化基础建设增强，积极推进"旅游革命"，景区、旅行社、酒店、智慧旅游建设不断转型升级，为当地康养旅游发展提供了良好的基础。

2020 年，江苏、浙江、安徽、湖北、湖南 5 个地区的康养旅游环境吸引力有所下降，而其他省市的环境吸引力提升幅度也相对较小。究其原因，在于 2020 年新冠疫情的暴发，导致游客的出游意愿大大降低，旅游企业营商、发展环境艰难，旅游行业受到巨大影响，康养旅游产业环境以及发展受到限制，导致 2020 年整体康养旅游环境吸引力不足。

从各省市 2011 年到 2020 年康养旅游环境吸引力的提升幅度来看，浙江 > 贵州 > 云南 > 江西 > 湖北 > 四川 > 上海 > 重庆 > 江苏 > 安徽 > 湖南。在长江经济带 11 个省市中，伴随着康养旅游的发展，其康养旅游基础环境得到有效改善，其中浙江、贵州地区的环境吸引力增长幅度较大，旅游环境提升速度也相对较快；而湖南地区虽然中间几年有一定提升，但单从 10 年间首尾两年的差距来看，湖南地区的环境吸引力基本没有得到有效提升，2020 年又落回了基本与 2011 年持平的状态。从各省市康养旅游环境吸引力的相关数据来看，湖南 > 云南 > 湖北 > 浙江 > 四川 > 江西 > 重庆 > 江苏 > 安徽 > 贵州 > 上海。这说明在长江经济带中，湖南、云南与湖北在康养旅游环境方面更具吸引力，其物质环境较其他省市更具相对优势，而上海和贵州在康养旅游环境的竞争中处于劣势。结合长江经济带环境吸引力提升幅度和得分情况来看，浙江、上海、贵州等地呈现出康养旅游不断完善和优化发展的态势，湖南康养旅游发展呈现出稳定的高质量发展状态。同时根据东部、中部和西部地区康养旅游环境吸引力的演变可以看出，长江经济带中部地区的康养旅游环境处于优势地位、西部次之、东部最差，此现象与东、中、西部地区的资源禀赋与康养旅游开发程度有关。未来，在长江经济带康养旅游发展的过程中，中部地区还需继续保持自己在环境吸引力方面的优势地位，而东部地区特别是上海等地需要加强环境建设，提升康养旅游环境质量，保证康养旅游高质量发展。

3.3.4.2 康养旅游社会吸引力指数分析

进一步计算长江经济带康养旅游社会吸引力指数，并对其演变情况进行分析，数据汇总结果见表 3-4。

表 3-4 长江经济带康养旅游社会吸引力指数

地区	2011年	2012年	2013年	2014年	2015年	2016年	2017年	2018年	2019年	2020年	得分
上海	0.084	0.080	0.088	0.090	0.096	0.111	0.121	0.134	0.141	0.150	0.110
江苏	0.155	0.170	0.182	0.193	0.204	0.215	0.235	0.245	0.259	0.242	0.210
浙江	0.117	0.130	0.145	0.155	0.163	0.171	0.183	0.197	0.210	0.207	0.168
东部	0.119	0.127	0.138	0.146	0.154	0.166	0.180	0.192	0.203	0.200	0.163
安徽	0.055	0.062	0.069	0.068	0.075	0.080	0.091	0.111	0.123	0.179	0.091
江西	0.048	0.054	0.057	0.064	0.066	0.071	0.086	0.093	0.102	0.155	0.080
湖北	0.065	0.074	0.079	0.089	0.095	0.102	0.118	0.124	0.132	0.168	0.105
湖南	0.060	0.066	0.072	0.073	0.081	0.088	0.103	0.112	0.128	0.176	0.096
中部	0.057	0.064	0.069	0.073	0.080	0.085	0.100	0.110	0.121	0.170	0.093
重庆	0.059	0.067	0.068	0.070	0.074	0.080	0.088	0.096	0.105	0.133	0.084
四川	0.065	0.074	0.080	0.088	0.090	0.103	0.120	0.130	0.141	0.195	0.109
贵州	0.031	0.043	0.052	0.054	0.064	0.075	0.082	0.100	0.111	0.143	0.075
云南	0.026	0.031	0.037	0.042	0.045	0.052	0.071	0.076	0.085	0.145	0.061
西部	0.045	0.054	0.059	0.064	0.068	0.078	0.090	0.101	0.111	0.154	0.082
长江经济带	0.069	0.078	0.084	0.090	0.096	0.104	0.118	0.129	0.140	0.172	0.108

根据表 3-4 可知，长江经济带各省市的康养旅游社会吸引力在 10 年间均不断提升。与环境吸引力不同，2020 年，除江苏和浙江外，长江经济带其他各省市的康养旅游社会吸引力提升都较为明显。这反映出在新冠疫情期间，各省市对于经济建设和社会发展的脚步并没有停止，反而在疫情的刺激下，

各省市在医疗发展、康养保障以及城市建设等方面都有所发展。疫情防控期间，各省市统筹疫情防控工作和经济社会发展工作，加大宏观政策调控力度，落实到企业，精准复工复产，保持经济平稳运行。同时，全面强化稳定就业举措，减负、稳岗、扩大就业并举，保障居民可支配收入和消费支持，着力做好医疗服务工作和基础设施建设工作，为康养旅游的持续发展提供了有力保障。从2011年到2020年各省市的康养旅游社会吸引力增长幅度来看，四川＞安徽＞云南＞湖南＞贵州＞江西＞湖北＞浙江＞江苏＞重庆＞上海，说明在长江经济带各省市中，四川和安徽两个地区的康养旅游社会吸引力提升速度相对较快，而重庆和上海地区的社会吸引力提升较慢。从康养旅游社会吸引力的得分来看，江苏＞浙江＞上海＞四川＞湖北＞湖南＞安徽＞重庆＞江西＞贵州＞云南，江苏、浙江和上海在长江经济带的社会竞争中处于优势地位，而江西、贵州和云南这3个区域则是处于劣势地位。通过分析还可以发现，虽然上海市康养旅游社会吸引力较高，但是提升速度较慢，表现出较弱的社会竞争潜力，未来发展受限。从区域角度来看，康养旅游受区域地方经济发展水平限制，东部地区经济发展水平较高，康养旅游经济基础、社会保障、城市建设等方面较为完善，优于中部和西部，是社会吸引力的优势区域。中部和西部的康养旅游社会吸引力会随着区域经济发展水平、医疗体系建设、社会保障、城市建设的不断完善有所提升，未来发展空间广阔。东部地区的康养旅游社会吸引力最强，中部次之、西部最差，表现出由东向西递减的空间格局。

3.3.4.3 康养旅游符号吸引力指数分析

根据评价指标体系，将计算出的长江经济带康养旅游符号吸引力指数汇总成表3-5。根据表3-5可知，长江经济带康养旅游经过10年的发展，各省市的康养旅游符号吸引力也得到了显著的提升。各地区积极落实《中华人民共和国国民经济和社会发展第十四个五年规划和2035年远景目标纲要》《"十四五"旅游业发展规划》，不断健全现代公共文化服务体系、现代文化产业体系、现代文化和旅游市场体系，推动文化产业结构优化升级和区域协调发展，扩大和引导文化消费；进一步推进健康中国战略的实施，提升全民健康素养，科学应对老龄化、亚健康问题。

从增长幅度来看，长江经济带的符号吸引力提升幅度依次是：浙江 > 安徽 > 江苏 > 重庆 > 四川 > 湖南 > 湖北 > 云南 > 江西 > 贵州 > 上海，由此可见，浙江、安徽以及江苏地区康养旅游符号吸引力提升幅度最大，相应的这 10 年的发展速度也较快，而贵州、上海等地在符号吸引力的提升速度上居于末位。从得分来看，长江经济带康养旅游的符号吸引力排序依次是：浙江 > 江苏 > 上海 > 四川 > 安徽 > 湖北 > 湖南 > 云南 > 重庆 > 江西 > 贵州，其中浙江、江苏和上海的符号吸引力相对较强，而重庆、江西和贵州的符号吸引力处于劣势。根据长江经济带各省市增长幅度和得分情况综合分析来看，上海是符号吸引力的优势区，其增长幅度较小，说明符号吸引力发展偏于成熟。浙江、江苏符号吸引力水平较高，其增长幅度大，说明浙江、江苏在符号吸引力方面还有较大的发展空间。重庆、江西、贵州的符号吸引力较低，基础较为薄弱，增长幅度偏低，未来还亟待加强建设力度、提升符号吸引力水平。从区域的角度来看，长江经济带康养旅游符号吸引力是东部 > 中部 > 西部，同样呈现出由东向西吸引力减弱的分布格局。

表 3-5　长江经济带康养旅游符号吸引力指数

地区	2011年	2012年	2013年	2014年	2015年	2016年	2017年	2018年	2019年	2020年	得分
上海	0.102	0.109	0.102	0.108	0.115	0.122	0.121	0.129	0.140	0.129	0.118
江苏	0.078	0.097	0.095	0.100	0.116	0.125	0.143	0.152	0.157	0.166	0.123
浙江	0.095	0.110	0.100	0.106	0.141	0.176	0.172	0.181	0.197	0.231	0.151
东部	0.092	0.106	0.099	0.104	0.124	0.141	0.146	0.154	0.165	0.175	0.131
安徽	0.048	0.051	0.053	0.057	0.070	0.076	0.094	0.101	0.103	0.164	0.082
江西	0.037	0.042	0.043	0.046	0.048	0.050	0.058	0.060	0.068	0.077	0.053
湖北	0.049	0.055	0.059	0.059	0.067	0.067	0.075	0.082	0.084	0.096	0.069
湖南	0.038	0.042	0.046	0.049	0.054	0.060	0.066	0.071	0.074	0.086	0.059
中部	0.043	0.048	0.050	0.053	0.060	0.063	0.073	0.078	0.082	0.106	0.066
重庆	0.029	0.033	0.036	0.038	0.046	0.047	0.064	0.070	0.073	0.096	0.053
四川	0.057	0.070	0.069	0.070	0.081	0.085	0.094	0.099	0.099	0.107	0.083
贵州	0.016	0.021	0.023	0.024	0.024	0.027	0.033	0.041	0.037	0.043	0.029
云南	0.036	0.042	0.041	0.045	0.050	0.051	0.059	0.065	0.072	0.079	0.054
西部	0.035	0.042	0.042	0.044	0.050	0.053	0.062	0.068	0.070	0.082	0.055
长江经济带	0.053	0.061	0.061	0.064	0.074	0.081	0.089	0.095	0.100	0.116	0.079

3.3.4.4 康养旅游吸引力指数分析

根据康养旅游吸引力的评价模型，通过熵权法计算出各指标的权重，用权重乘以各指标标准化后的数值，并将各个维度的指标进行加总，得出长江经济带在不同年份的吸引力得分。另外，进一步计算出长江经济带东部、中部、西部3个区域的康养旅游吸引力水平。计算结果汇总成表3-6。

表3-6 长江经济带康养旅游吸引力指数

地区	2011年	2012年	2013年	2014年	2015年	2016年	2017年	2018年	2019年	2020年	得分
上海	0.216	0.225	0.227	0.235	0.271	0.277	0.284	0.307	0.325	0.324	0.269
江苏	0.329	0.372	0.375	0.390	0.418	0.439	0.485	0.509	0.527	0.515	0.436
浙江	0.298	0.332	0.392	0.349	0.392	0.492	0.513	0.543	0.574	0.601	0.448
东部	0.281	0.310	0.331	0.325	0.360	0.403	0.427	0.453	0.476	0.480	0.384
安徽	0.167	0.183	0.187	0.194	0.212	0.226	0.256	0.289	0.302	0.417	0.243
江西	0.192	0.205	0.211	0.223	0.231	0.242	0.271	0.285	0.307	0.370	0.254
湖北	0.233	0.252	0.261	0.277	0.293	0.303	0.332	0.347	0.366	0.406	0.307
湖南	0.226	0.240	0.251	0.260	0.273	0.286	0.315	0.331	0.356	0.395	0.293
中部	0.204	0.220	0.227	0.238	0.252	0.264	0.294	0.313	0.333	0.397	0.274
重庆	0.192	0.208	0.205	0.211	0.225	0.235	0.260	0.278	0.292	0.344	0.245
四川	0.236	0.260	0.261	0.271	0.289	0.307	0.341	0.358	0.377	0.438	0.314
贵州	0.077	0.098	0.114	0.119	0.133	0.151	0.174	0.210	0.226	0.267	0.157
云南	0.188	0.203	0.210	0.225	0.236	0.236	0.278	0.234	0.316	0.387	0.251
西部	0.173	0.192	0.197	0.206	0.221	0.232	0.263	0.270	0.303	0.359	0.242
长江经济带	0.214	0.234	0.245	0.250	0.270	0.290	0.319	0.336	0.361	0.406	0.293

根据表3-6可知，2011年到2020年10年间，长江经济带各省市康养旅游吸引力指数都得到了不同程度的提升，这说明在10年间，伴随着长江经济带康养旅游的不断发展，各省市的康养旅游吸引力在逐步增强。一方面，从增长幅度来看，浙江＞安徽＞四川＞云南＞贵州＞江苏＞江西＞湖北＞湖南＞重庆＞上海。其中，浙江和安徽地区增长幅度最大，年增长速度最快，说明浙江和安徽的康养旅游发展速度在长江经济带区域中较其他省市更快；而重庆和上海则增长幅度较小，增长速度较慢，说明其康养旅游发展速度在长江经济带区域中属于较低层次。另一方面，通过综合得分的测算可以得出，长江经济带各省市康养旅游吸引力的总体排名依次是：浙江＞江苏＞四川＞湖北＞湖南＞上海＞江西＞云南＞重庆＞安徽＞贵州。浙江地区不仅康养旅游

吸引力的提升速度较快，而且其康养旅游的总体吸引力在长江经济带各省市中也属于较高水平。安徽的康养旅游吸引力虽然较低，但是其增长幅度较大，康养旅游吸引力提升较快。而重庆相较其他省市，不仅康养旅游吸引力较低，而且提升速度较慢，其康养旅游的发展还需要在环境吸引力、社会吸引力、符号吸引力 3 个维度上进行全方面的提升。不同省市康养旅游吸引力的增长幅度和得分情况都与区域康养旅游资源禀赋、经济发展水平、政策指导、旅游基础设施建设情况、区域发展工作重点等因素有密切关系。

通过对上述长江经济带各省市自身康养旅游环境竞争力、社会竞争力、符号竞争力 3 个维度的历年平均得分进行比较分析，可以将长江经济带各省市分为环境优势型地区、社会优势型地区、符号优势型地区 3 种类型，其中，江西、湖北、湖南、重庆、四川、云南属于环境优势型地区，这几个省市的环境竞争力均高于自身其他两个维度的竞争力得分。同理，江苏、浙江、安徽、贵州属于社会优势型地区，而上海则属于符号优势型地区。根据上述优势型地区的划分，可以为以后各省市发展康养旅游提供一定的借鉴和指导。

从区域角度来看，2011—2020 年，长江经济带东部、中部、西部 3 个区域的康养旅游吸引力指数在逐年递增，康养旅游也在不断发展。从各个区域的综合得分来看，长江经济带康养旅游吸引力水平排序是东部＞中部＞西部，呈现出由东向西康养旅游吸引力递减的分布格局。这种形势的出现是由于东部地区在物质环境、社会环境、象征环境等方面的综合发展相对西部来说多处于领先地位，这导致了东、西部康养旅游吸引力的差异。

第4章 康养旅游吸引力时空演变分析

时空演变分析可以将研究对象的属性值在时间和空间维度上的演变规律与特征呈现出来。通过分析这些规律和特征，从现象中发现问题，进而探究问题产生的深层原因，最终为研究对象的优质发展提出有针对性、有建设性的发展策略和建议。关于时空演变分析的方法有很多，本书结合理论研究进行康养旅游吸引力空间分析、康养旅游吸引力重心变化分析和康养旅游吸引力区域变化趋势分析等。

首先，康养旅游吸引力空间分析方面，运用 ArcGIS 分析软件、泰尔指数对康养旅游吸引力空间进行深入探究。ArcGIS 分析软件可对康养旅游空间分布格局进行分析，了解各区域的康养旅游吸引力分布情况以及层次变化。运用泰尔指数分析康养旅游吸引力的空间关系，识别康养旅游吸引力空间差异产生的内在原因。

其次，康养旅游吸引力重心变化分析方面，利用重心模型对康养旅游的重心坐标、偏移轨迹以及移动方向进行计算，探究区域康养旅游吸引力重心分布和空间集聚情况。

最后，康养旅游吸引力区域变化趋势方面，利用测算数据分析东部、中部、西部以及整体区位的康养旅游吸引力的区域空间变化趋势。

本章依然选取长江经济带作为典型案例区，选取 2011—2020 年的相关数据进行长江经济带康养旅游吸引时空演变分析。

4.1 康养旅游吸引力空间分析

通过康养旅游吸引力空间分析可对康养旅游吸引力进行层次划分，了解康养旅游吸引力的区域差异。将康养旅游吸引力划分为 5 个层次，包括低吸引力、较低吸引力、中吸引力、较高吸引力和高吸引力。利用 ArcGIS 10.7 分析软件计算康养旅游吸引力区域差异，了解康养旅游吸引力空间演变情况。利用泰尔指数对康养旅游吸引力的区域差异进行分析，划分为东部、中部、西部三大区域，计算总体、区域间、区域内的吸引力差异及贡献率。

4.1.1 康养旅游吸引力空间分布格局

空间分布格局研究可对区域空间分布情况、分布属性进行分析，并且可根据时间差异了解不同区域的时空演变情况。对 2011—2020 年的长江经济带吸引力空间演变情况进行分析，利用 ArcGIS 10.7 进行计算，将长江经济带的康养旅游吸引力分为了 5 个层次：低吸引力（区间为 0—0.182）、较低吸引力（区间为 0.182—0.286）、中吸引力（区域为 0.286—0.391）、较高吸引力（区间为 0.391—0.496）、高吸引力（区域为大于 0.496）。根据此层次划分，识别出长江经济带 2011 年、2014 年、2017 年、2020 年的康养旅游吸引力区域分布表，如表 4-1 所示。

表 4-1 长江经济带康养旅游吸引力区域分布表

地区	2011 年	2014 年	2017 年	2020 年
上海	较低吸引力区域	较低吸引力区域	较低吸引力区域	中吸引力区域
江苏	中吸引力区域	中吸引力区域	较高吸引力区域	高吸引力区域
浙江	中吸引力区域	中吸引力区域	高吸引力区域	高吸引力区域
安徽	低吸引力区域	较低吸引力区域	较低吸引力区域	较高吸引力区域
江西	较低吸引力区域	较低吸引力区域	较低吸引力区域	中吸引力区域
湖北	较低吸引力区域	较低吸引力区域	中吸引力区域	较高吸引力区域
湖南	较低吸引力区域	较低吸引力区域	中吸引力区域	较高吸引力区域
重庆	较低吸引力区域	较低吸引力区域	较低吸引力区域	中吸引力区域
贵州	低吸引力区域	低吸引力区域	低吸引力区域	较低吸引力区域
四川	较低吸引力区域	较低吸引力区域	中吸引力区域	较高吸引力区域
云南	较低吸引力区域	较低吸引力区域	较低吸引力区域	中吸引力区域

　　基于表 4-1 可以了解到,在 2011—2020 年,长江经济带康养旅游吸引力在逐步增强,基本实现了康养旅游吸引力层次的提升。上海从较低吸引力区域提升为中吸引力区域,江苏从中吸引力区域提升为高吸引力区域,浙江从中吸引力区域提升为高吸引力区域,安徽从低吸引力区域提升为较高吸引力区域,江西从较低吸引力区域提升为中吸引力区域,湖北从较低吸引力区域提升为较高吸引力区域,湖南从较低吸引力区域提升为较高吸引力区域,重庆从较低吸引力区域提升为中吸引力区域,贵州从低吸引力区域提升为较低吸引力区域,四川从较低吸引力区域提升为较高吸引力区域,云南从较低吸引力区域提升为中吸引力区域。

　　随着时间的推移,长江经济带区域内实现了高层次康养旅游吸引力地区从无到有的飞跃。江苏和浙江康养旅游吸引力水平起点较高,经过两年的发展提升为高吸引力区域。在 11 个省市中,发展较快的安徽康养旅游吸引力实现了 3 个层次的跨越,江苏、浙江、湖北、湖南、四川实现了 2 个层次的跨越。安徽省加强政府投资,推进康养旅游工程建设,包括乡村旅游重点村、旅游风景道等的建设,面向高品质消费需求,着力推动传统观光旅游向现代休闲度假康养旅游升级、旅游产业向跨界融合的高端服务业延伸,打造休闲度假、医疗康养等高端服务业集群,有效促进了康养旅游吸引力的提升。江苏在康养旅游发展过程中,基于自然和人文旅游资源的建设,凸显了生态、文明、绿色、健康的旅游发展要义,大力打造康养旅游品牌,突出本地旅游特色,加强宣传,完善基础设施,为提升康养旅游吸引力奠定了基础。浙江素有"七山一水二分田"之说,其康养旅游吸引力起点水平较高。中共中央、国务院印发的《关于支持浙江高质量发展建设共同富裕示范区的意见》为浙江省加强医疗、人居环境提升、基建配套和生态保护与提升提供了明确的指引,为其康养旅游吸引力提升提供了政策保障和物质基础。湖北不断完善其综合性旅游要素,交通、智慧服务、集散服务体系等公共服务能力不断提升,积极打造康养旅游产品,创建康养产业示范特色旅游区和康养旅游示范区。湖南在康养旅游发展过程中不断完善基础设施,2022 年开展基础设施项目109 个,大力提升服务能力,基于康养旅游资源打造旅游品牌,政府加大招商与投入,推动康养旅游服务和娱乐设施建设。四川基于得天独厚的自然资源,被称为"森林康养的破译者",森林康养走在全国前列。2017 年 10 月,四川省委农工委印发《四川省大力发展生态康养产业实施方案(2018—2022)》,明确了生态康养发展目标。到 2022 年,四川省生态康养基地达到 250 个、森林自然教育基地达到 100 个、生态康养人家达到 4 000 个、生态康养步道达到 5 000 千米,生态康养年服务 2.5 亿人次。四川因地制宜,打造特色康养主体内容,吸引不同的旅游群体。

上海、江西、重庆、云南、贵州 6 个省市则实现了康养旅游吸引力 1 个层次的提升。上海扎根于都市旅游发展,加大旅游投资和旅游招商项目投入,推进长三角一体化示范区"生态文旅"建设,通过打造康养旅游产品,加强国际合作与宣传。江西充分利用旅游资源禀赋,多种旅游业态融合发展,包括红色旅游、生态旅游、乡村旅游、文化旅游、康养旅游、度假旅游、城市旅游等,重点打造康养旅游品牌,建设优质资源建设康养旅游示范区以及康养旅游胜地,开发康养旅游新业态。重庆在政府的调研和协商计划下,扬长避短,科学谋划产业布局和重点企业。重庆具备"避暑""避寒""避霾"全天候康养条件,其所处纬度特殊,森林覆盖率高、生态产品优越,并且重庆还是世界温泉联合会授牌的首个和唯一一个"世界温泉之都",交通、信息、产业、市场、公共服务和生态文明一体化建设为重庆康养旅游发展提供了保障。云南省人民政府印发《云南省"十四五"健康服务业发展规划》,围绕打造健康生活目的地目标,加快建设特色鲜明的国际康养旅游示范区,推进大滇西健康旅游发展带、澜沧江沿岸健康休闲示范带、昆玉红文化颐养旅居带、沿边跨境健康服务开放辐射带四带联动发展;推动中医药健康服务多业态融合发展。贵州地势高低起伏,地貌景观丰富多样,是户外运动的天堂和避暑胜地,政府将健康产业作为"健康贵州建设"五大重点之一,融合"医、养、健、管、游、食"的大健康产业体系基本成形,并且融合新兴产业创造优势。

基于上述分析可以看出,长江经济带康养旅游吸引力在空间分布上各具特色,且存在着明显的地域差异,总体表现出东部发展较快、康养旅游吸引力较强,而西部地区则发展较慢、康养旅游吸引力较弱的分布格局。综合来看,长江经济带各省市的康养旅游吸引力水平均有所提高,主要是由于国家以及地方政策的支持和引导、康养旅游产品的开发、旅游品牌的打造与宣传,以及交通服务、智慧服务等水平的提升。

4.1.2 康养旅游吸引力空间差异分析

通过空间差异分析可探索案例区不同区域康养旅游吸引力差异及贡献率变化，可有效评价康养旅游吸引力空间结构的科学化程度。主要基于 2011 年到 2020 年 10 年间长江经济带康养旅游吸引力指数，利用泰尔指数来对区域差异进行分析，将长江经济带划分为东部、中部、西部三大区域，计算总体、区域间、区域内的吸引力差异及贡献率。

泰尔指数计算公式如下：

$$总体泰尔指数：T = \frac{1}{n}\sum_i \frac{y_i}{y}\ln\frac{y_i}{y} \tag{4-1}$$

$$T = T_b + T_w \tag{4-2}$$

$$区域间泰尔指数：T_b = \sum_1^6 V_l \ln\left(\frac{V_l}{P_l}\right) \tag{4-3}$$

$$区域内泰尔指数：T_w = \sum_1^6 V_l T_l \tag{4-4}$$

$$区域间泰尔指数的贡献率：D_b = \frac{T_b}{T}\times100\% \tag{4-5}$$

$$区域内泰尔指数的贡献率：D_w = \frac{T_w}{T}\times100\% \tag{4-6}$$

$$区域\,l\,泰尔指数贡献率：D_l = \frac{V_l T_l}{T}\times100\% \tag{4-7}$$

式中：y_i 是第 i 个省份的康养旅游吸引力水平，$\overline{y}$ 是所有省份康养旅游吸引力的平均值。泰尔指数越小，表明各省市康养旅游吸引力的差异越小，反之越大。V_l 为区域 l 各省市康养旅游吸引力之和与总体区域各省市康养旅游吸引力之和的比值，P_l 为区域 l 样本个数与总体区域样本个数之比，T_l 为区域 l 的泰尔指数。T_b 用于反映区域间各省份康养旅游吸引力的差异，T_w 用于反映区域内各省份康养旅游吸引力的差异。计算结果如表 4-2 所示。

表 4-2 2011—2020 年不同区域康养旅游吸引力的空间差异分析数据

指标	2011年	2012年	2013年	2014年	2015年	2016年	2017年	2018年	2019年	2020年
T	0.047 4	0.045 4	0.047 8	0.039 7	0.040 1	0.048 7	0.042 3	0.041 1	0.038 5	0.023 2
T_b	0.019 6	0.019 8	0.023 5	0.017 3	0.021 0	0.027 6	0.021 2	0.023 2	0.023 2	0.007 4
D_b	41.27%	43.54%	49.22%	43.69%	52.45%	56.69%	50.24%	56.57%	60.32%	31.79%
T_w	0.027 8	0.025 6	0.024 3	0.022 4	0.019 1	0.021 1	0.021 0	0.017 8	0.015 3	0.015 8
D_w	58.73%	56.46%	50.78%	56.31%	47.55%	43.31%	49.76%	43.43%	39.68%	68.21%
T_1	0.005 3	0.007 5	0.009 9	0.007 6	0.006 1	0.010 3	0.011 2	0.010 4	0.010 2	0.009 9
D_1	11.26%	16.56%	20.63%	19.03%	15.11%	21.14%	26.37%	25.31%	26.39%	42.79%
T_2	0.003 0	0.002 7	0.003 0	0.003 2	0.002 8	0.002 3	0.001 9	0.001 2	0.000 1	0.000 8
D_2	6.28%	5.96%	6.22%	8.08%	6.92%	4.75%	4.51%	3.00%	0.13%	3.39%
T_3	0.019 5	0.015 4	0.011 4	0.011 6	0.010 2	0.008 5	0.008 0	0.006 2	0.005 1	0.005 1
D_3	41.19%	33.94%	23.93%	29.20%	25.52%	17.42%	18.89%	15.12%	13.17%	22.04%

注：T 为总体泰尔指数，T_b 为总体区域间泰尔指数，T_w 为总体区域内泰尔指数，T_1、T_2、T_3 分别表示东部、中部、西部三大区域的泰尔指数，D_b 为总体区域间差异贡献率，D_w 为总体区域内差异贡献率，D_1、D_2、D_3 为东部、中部、西部区域泰尔指数的贡献率。

根据表 4-2 可知，长江经济带康养旅游吸引力存在着一定的区域差异，从泰尔指数的总体变化来看，2011—2020 年，长江经济带总体泰尔指数、总体区域间差异、总体区域内差异呈现波动式下降趋势，总体泰尔指数从 2011 年的 0.047 4 下降到 2020 年的 0.023 2，区域间差异从 2011 年的 0.019 6 下降到 2020 年的 0.007 4，区域内差异从 2011 年的 0.027 8 下降到 2020 年的 0.015 8。2016 年，总体泰尔指数、总体区域间泰尔指数最高，分别为 0.048 7、0.027 6，说明长江经济带各省市康养旅游吸引力的差异较大。此后，泰尔指数逐渐降低。此现象可能与国家出台康养旅游示范基地标准、建立康养旅游创新示范区有关。长江经济带部分生态资源、医疗养生资源、康养文化资源、养生民俗资源等较为优越的地区率先发展了康养旅游，例如江苏泰州市姜堰区、浙江舟山群岛新区等，与其他地区拉开了较大差距。由数据可以看出，后期区域差异在不断缩小，各区域以及区域间都更加重视康养旅游的发展，充分发挥自身特色，寻找差异化发展路径。虽然长江经济带的康养旅游吸引力的区域差异呈现下降趋势，但是整体的下降幅度有限，10 年间长江经济带各省市对康养旅游发展的重视，使得各省市康养旅游吸引力不断增强，但康养旅游吸引力区域之间的差距依然存在。2011—2014 年，长江经济带康养旅游吸引力区域间差异一直小于区域内差异，且贡献率也是前者小于后者，说明2015年以前长江经济带区域出现的空间差异主要来源于区域内差异。同时，伴随着区域内差异的贡献率的缩小和区域间差异的贡献率的增加，此阶段区域间康养旅游发展水平较为一致，各区域对康养旅游发展的重视意识还不强，主要差异可能与区域内部的康养资源分布差异有关。各省市均基于城市资源禀赋，开发较为有潜力的康养旅游资源和产品，有些地区建立了康养旅游示范基地，而有些地区还处于未开发以及开发程度较低的状态，造成区域内的康养旅游吸引力差异较大。2015—2019年，区域间差异大于区域内差异，表明2015年以后区域间差异成为影响长江经济带区域差异的主要原因。此阶段各省市以及各区域都更重视发展康养旅游，你追我赶，区域内康养旅游发展较为落后的地区康养旅游发展水平逐渐提升，逐渐缩小了区域内康养旅游吸引力的差距。由于各省市的资源禀赋、经济状况不同，区域间的康养旅游差异此时较为明显。而到了2020年，区域内差异又大于区域间差异，显示出长江经济带的区域差异主要是由区域间差异以及区域内差异的交替影响造成的。

从三大区域康养旅游吸引力的发展来看，东部地区的区域内差异在增大，由2011年的0.005 3上升到2020年的0.009 9；而中部和西部地区的区域内差异则是在减小，中部地区的区域内差异由2011年的0.003 0下降到2020年的0.000 8，西部区域内差异由2011年的0.019 5下降到2020年的0.005 1。究其原因：东部地区区域内经济发展差异较大，在康养旅游开发投资以及品牌打造和宣传上存在较大差距。同时，旅游资源区域特色明显，使东部区域的内在差异逐渐拉大。中部地区的区域内差异贡献率占比最小，说明其对长江经济带康养旅游吸引力区域差异影响是最小的。东部地区的区域内差异呈上升趋势，西部的区域内差异则呈下降趋势，2015年之前西部地区的贡献率大于东部地区，而2015年之后东部地区的贡献率大于西部地区。因此在2015年之前，长江经济带的区域差异主要源于西部的区域内差异，东部次之、中部最后，而2015年之后东部地区的内部发展差异是长江经济带康养旅游吸引力存在差异的主要原因，西部次之、中部最后。2015年之前是康养旅游发展初级阶段，主要依靠资源禀赋吸引旅游者，西部地区基于独特的气候和自然环境，吸引了大量旅游者前来体验。随着旅游业的不断发展、信息技术的提升和需求的变化，依靠资源禀赋条件的康养旅游吸引力已不能满足多样化的旅游需求，高质量开发和创新力量、加强投资等因素很大程度上弥补了仅靠资源开发的不足。因此，在康养旅游开发拥有一定基础后，东部地区结合其资源禀赋和较强的经济实力，不断创新康养旅游体验方式，从而拉大了与其他地区吸引力的差距。根据上述分析可以看出，东部虽然是长江经济带康养旅游竞争优势区域，但是区域内的发展差异较大，且这种差异在增大，而西部地区的康养旅游吸引力处于弱势地位，但是其区域内的差异在减小，各区域既有共同特征，也有各自的特殊性。

4.2 康养旅游吸引力重心轨迹变化

重心轨迹变化可反映出区域内研究要素的地理中心的空间维度分布格局及集聚程度。结合重心坐标、偏移轨迹以及移动方向的计算结果，可以探究区域重心轨迹变化趋势。本书根据对长江经济带康养旅游吸引力的测度，利用重心模型，对长江经济带康养旅游的环境吸引力、社会吸引力、符号吸引力以及综合吸引力的重心坐标、偏移轨迹以及移动方向进行计算。

重心模型通常用来描述区域内研究要素的地理中心分布格局及集聚程度，通过重心的测算能够得出研究要素的重心偏移轨迹和移动距离，计算公式为：

$$X = \frac{\sum_{i=1}^{n} x_i Q_i}{\sum_{i=1}^{n} Q_i} \tag{4-8}$$

$$Y = \frac{\sum_{i=1}^{n} y_i Q_i}{\sum_{i=1}^{n} Q_i} \tag{4-9}$$

式中：X、Y 为研究区域的重心坐标，x_i、y_i 为次一级区域 i 的重心坐标，n 为次一级区域数量，Q_i 为次一级区域 i 某种要素的量值。

$$D = R \times \sqrt{\left(x_i - x_j\right)^2 + \left(y_i - y_j\right)^2} \tag{4-10}$$

式中：D 为重心偏移距离；R 为地理坐标（经纬度）转换为平面距离（km）的常数，取 111.111 km。(x_i, y_i)、(x_j, y_j) 分别表示区域在第 i 年和第 j 年的地理坐标。

$$\theta = \frac{n\pi}{2} + \arctan\left[\left(y_i - y_j\right)/\left(x_i - x_j\right)\right] \tag{4-11}$$

式中：θ 为重心偏移角度。$\theta = 0°$ 表示正东方向，当重心向北移动时，$0° < \theta < 90°$，以此类推。

4.2.1 康养旅游环境吸引力重心偏移

2011—2020 年长江经济带康养旅游环境吸引力的重心坐标、偏移距离以及偏移方向的测算结果如表 4-3 所示。可知：2011 年长江经济带康养旅游环境吸引力重心坐标为：112.00°E，29.06°N。2012 年长江经济带康养旅游环境吸引力重心坐标为：112.03°E，29.09°N，向东北偏移 4.398 km。2013 年长江经济带康养旅游环境吸引力重心坐标为：111.95°E，29.08°N，向西南偏移 8.996 km。2014 年长江经济带康养旅游环境吸引力重心坐标为：112.58°E，29.11°N，向东北偏移 69.599 km。2015 年长江经济带康养旅游环境吸引力重心坐标为：111.87°E，29.07°N，向西南偏移 78.944 km。2016 年长江经济带康养旅游环境吸引力重心坐标为：112.05°E，29.11°N，向东北偏移 21.002 km。2017 年长江经济带康养旅游环境吸引力重心坐标为：112.55°E，29.10°N，向东南偏移 55.457 km。2018 年长江经济带康养旅游环境吸引力重心坐标为：112.43°E，29.07°N，向西南偏移 13.879 km。2019 年长江经济带康养旅游环境吸引力重心坐标为：113.12°E，29.32°N，向东北偏移 81.849 km。2020 年长江经济带康养旅游环境吸引力重心坐标为：112.35°E，29.06°N，向西南偏移 89.978 km。2011—2020 年，从总体来看，长江经济带康养旅游吸引力的重心坐标为：111.95°E—113.12°E，29.06°N—29.32°N 范围内，偏移距离在 4.398 km—89.978 km，总体呈现出康养旅游环境吸引力向东南方向偏移的趋势。这是由于伴随着长江经济带康养旅游的发展，康养旅游环境也在逐渐改善，长江经济带东部地区生态、气候、产业环境和发展环境越来越好，使得东部地区的总体康养旅游环境相较西部地区凸显出更多优势，因此长江经济带康养旅游环境吸引力重心呈现出总体向东南方向偏移的趋势。

根据经纬度范围定位发现，长江经济带康养旅游环境吸引力的重心偏移区域为湖北，在这 10 年间，康养旅游环境吸引力重心一直在向湖北移动，可见湖北在长江经济带康养旅游发展中的重要地位。湖北基于得天独厚的自然环境和丰富的森林康养资源，全力打造省级全域旅游示范区和全国森林康养基地，不断探索、创新康养旅游产品，实现康养旅游转型升级，通过优化环境服务打造品牌亮点，吸引了更多消费者前来体验。

从不同年份来看，在研究期间内，长江经济带康养旅游环境吸引力重心累计偏移 146.78 km，平均偏移 16.3 km。其中 2012 年偏移距离最小，为向东北方向偏移 4.398 km，说明这一时期的长江经济带东北部地区的康养旅游环境有所改善，使得环境吸引力重心向东北发生偏移。2020 年向西南方向偏移距离最大，为 89.978 km，说明 2020 年长江经济带西部地区的康养旅游环境改善最为明显，尤其是康养旅游产业环境和旅游接待等发展环境得到明显改善，使得康养旅游环境吸引力重心向西南方向进行偏移。根据长江经济带环境吸引力偏移方向的变化可以了解到，在这 10 年间康养旅游环境重心出现了东西向交替偏移的情况，这表明长江经济带康养旅游环境的发展历程存在着较为明显的空间差异。但在国家政策支持以及全国康养旅游发展的大背景下，这种偏移还是总体呈现出区域均衡发展的趋势。

表 4-3 长江经济带康养旅游环境吸引力重心演变

年份	经度	纬度	偏移距离 /km	方向
2011	112.00°E	29.06°N	—	—
2012	112.03°E	29.09°N	4.398	东北
2013	111.95°E	29.08°N	8.996	西南
2014	112.58°E	29.11°N	69.599	东北
2015	111.87°E	29.07°N	78.944	西南
2016	112.05°E	29.11°N	21.002	东北
2017	112.55°E	29.10°N	55.475	东南
2018	112.43°E	29.07°N	13.879	西南
2019	113.12°E	29.32°N	81.849	东北
2020	112.35°E	29.06°N	89.978	西南

4.2.2 康养旅游社会吸引力重心偏移

2011—2020 年长江经济带康养旅游社会吸引力的重心坐标、偏移距离以及移动方向的测算结果如表 4-4 所示。可知：2011 年长江经济带康养旅游社会吸引力重心坐标为：113.76°E，29.71°N。2012 年长江经济带康养旅游吸引力重心坐标为：113.90°E，29.79°N，向东北偏移 17.836 km。2013 年长江经济带康养旅游社会吸引力重心坐标为：113.85°E，29.77°N，向东北偏移 5.205 km。2014 年长江经济带康养旅游社会吸引力重心坐标为：113.79°E，29.73°N，向东北偏移 7.898 km。2015 年长江经济带康养旅游社会吸引力重心坐标为：113.81°E，29.72°N，向东北偏移 1.899 km。2016 年长江经济带康养旅游社会吸引力重心坐标为：113.85°E，29.67°N，向西北偏移 7.644 km。2017 年长江经济带康养旅游社会吸引力重心坐标为：113.49°E，29.66°N，向东北偏移 40.768 km。2018 年长江经济带康养旅游社会吸引力重心坐标为：113.23°E，29.58°N，向西南偏移 30.413 km。2019 年长江经济带康养旅游社会吸引力重心坐标为：113.05°E，29.53°N，向西南偏移 20.482 km。2020 年长江经济带康养旅游社会吸引力重心坐标为：113.00°E，29.53°N，向西南偏移 5.849 km。在这 10 年间，长江经济带康养旅游社会吸引力的重心坐标为：113.00°E—113.90°E，29.53°N—29.79°N 的范围内，偏移距离在 5.205 km—40.768 km，总体呈现出长江经济带康养旅游社会吸引力重心由西部向东部偏移的趋势。这说明伴随着长江经济带康养旅游的发展，显现出东部地区康养旅游经济基础、医疗支撑、社会保障、城市建设等社会吸引力相较西部增长更快的趋势，反映出长江经济带康养旅游社会环境东西部发展的空间差异。根据经纬度范围定位发现，长江经济带康养旅游社会吸引力的重心偏移区域为湖北省和湖南省的交界区域，这 10 年康养旅游社会吸引力重心一直在此区域移动，一方面体现出湖北省和湖南省在旅游经济基础、医疗支撑、社会保障、城市建设方面的优越性，另一方面也体现出区域协同发展的重要性。在研究期内，长江经济带康养旅游社会吸引力偏移距离累计 137.996 km，平均偏移15.333 km。从不同时间段来看，偏移方向表现为 2011—2017 年康养旅游社会吸引力重心向东部偏移，且偏移速度较慢；而 2018—2020 年康养旅游社会吸引力重心向西部偏移，且偏移速度明显变快，表现出较为明显的折返现象。这表明 2011—2017 年间，长江经济带康养旅游社会吸引力东部提升速度相对较快，而 2017 年后，西部地区越来越重视康养旅游的发展建设，其经济社会发展条件不断改善，使得西部地区康养旅游在 2017 年后得到快速的发展，伴随着西部社会环境的改善，康养旅游吸引力在逐步提升，重心也开始向西发生偏移。

表 4-4 长江经济带康养旅游社会吸引力重心演变

年份	经度	纬度	偏移距离 /km	方向
2011	113.76°E	29.71°N	—	—
2012	113.90°E	29.79°N	17.836	东北
2013	113.85°E	29.77°N	5.205	东北
2014	113.79°E	29.73°N	7.898	东北
2015	113.81°E	29.72°N	1.899	东北
2016	113.85°E	29.67°N	7.644	西北
2017	113.49°E	29.66°N	40.768	东北
2018	113.23°E	29.58°N	30.413	西南
2019	113.05°E	29.53°N	20.482	西南
2020	113.00°E	29.53°N	5.849	西南

4.2.3 康养旅游符号吸引力重心偏移

2011—2020 年长江经济带康养旅游符号吸引力的重心坐标、偏移距离、移动方向的测算结果如表 4-5 所示。可知：2011 年长江经济带康养旅游符号吸引力重心坐标为：114.61°E，30.02°N。2012 年长江经济带康养旅游符号吸引力重心坐标为：114.57°E，30.03°N，向西北偏移 5.184 km。2013 年长江经济带康养旅游符号吸引力重心坐标为：114.57°E，30.03°N，向东北偏移 0.488 km。2014 年长江经济带康养旅游符号吸引力重心坐标为：114.28°E，30.02°N，向西南偏移 32.453 km。2015 年长江经济带康养旅游符号吸引力重心坐标为：114.23°E，29.97°N，向西南偏移 8.126 km。2016 年长江经济带康养旅游符号吸引力重心坐标为：114.43°E，30.00°N，向东北偏移 23.513 km。2017 年长江经济带康养旅游符号吸引力重心坐标为：114.67°E，30.00°N，向东南偏移 25.151 km。2018 年长江经济带康养旅游符号吸引力重心坐标为：114.36°E，30.00°N，向西北偏移 33.661 km。2019 年长江经济带康养旅游符号吸引力重心坐标为：114.28°E，29.99°N，向西南偏移 9.189 km。2020 年长江经济带康养旅游符号吸引力重心坐标为：114.38°E，29.96°N，向东南偏移 11.791 km。10 年间，长江经济带康养旅游符号吸引力重心坐标为：114.23°E—114.61°E，29.96°N—30.03°N 的范围内，偏移距离在 0.49 km—33.66 km，整体呈现出康养旅游符号吸引力向西方偏移的趋势。根据经纬度范围定位发现，长江经济带康养旅游符号吸引力的重心一直位于湖北省东南部地区，这 10 年间康养旅游符号吸引力重心一直在此区域移动，可见湖北省在长江经济带康养旅游符号吸引力方面的重要作用，体现出湖北省康养旅游文化符号、艺术符号、健康符号和休闲符号发展的优越性。在研究期间，长江经济带西部地区文化、艺术、健康、休闲符号的吸引力不断提升，使得吸引力重心向西部发生偏移。总体来看，康养旅游符号吸引力累计偏移 150.561 km，年平均偏移 16.73 km，最小的偏移距离为 2013 年向东北方向偏移 0.488 km，最大的偏移距离为 2018 年向西北方向偏移 33.661 km，表明 2013 年长江经济带康养旅游符号吸引力重心变化较小，东西部地区的符号吸引力变化幅度较小，而 2018 年则表现出较为明显的偏移，说明西部地区符号吸引力在显著改善。同时偏移方向上表现出东西向往返偏移的情况，这表明伴随着长江经济带康养旅游的发展，这 10 年 11 个省市的社会吸引力各自不断发展且逐渐趋于均衡。

表 4-5 长江经济带康养旅游符号吸引力重心演变

年份	经度	纬度	偏移距离 /km	方向
2011	114.61°E	30.02°N	—	—
2012	114.57°E	30.03°N	5.184	西北
2013	114.57°E	30.03°N	0.488	东北
2014	114.28°E	30.02°N	32.453	西南
2015	114.23°E	29.97°N	8.126	西南
2016	114.43°E	30.00°N	23.518	东北
2017	114.67°E	30.00°N	26.151	东南
2018	114.36°E	30.00°N	33.661	西北
2019	114.28°E	29.99°N	9.189	西南
2020	114.38°E	29.96°N	11.791	东南

4.2.4 康养旅游吸引力重心偏移

2011—2020 年长江经济带康养旅游吸引力的重心坐标、偏移距离、移动方向的测算结果如表 4-6 所示。可知：2011 年长江经济带康养旅游吸引力重心坐标为：113.34°E，29.69°N。2012 年长江经济带康养旅游吸引力重心坐标为：113.33°E，29.70°N，向西北偏移 1.84 km。2013 年长江经济带康养旅游吸引力重心坐标为：113.45°E，29.66°N，向东南偏移 14.54 km。2014 年长江经济带康养旅游吸引力重心坐标为：113.26°E，29.66°N，向西北偏移 21.12 km。2015 年长江经济带康养旅游吸引力重心坐标为：113.38°E，29.68°N，向东北偏移 13.51 km。2016 年长江经济带康养旅游吸引力重心坐标为：113.58°E，29.67°N，向东南偏移 21.62 km。2017 年长江经济带康养旅游吸引力重心坐标为：113.39°E，29.64°N，向西南偏移 20.79 km。2018 年长江经济带康养旅游吸引力重心坐标为：113.56°E，29.71°N，向东北偏移 20.37 km。2019 年长江经济带康养旅游吸引力重心坐标为：113.34°E，29.61°N，向西南偏移 26.78 km。2020 年长江经济带康养旅游吸引力重心坐标为：113.02 °E，29.53°N，向西南偏移 37.43 km。10 年间长江经济带的康养旅游吸引力重心在 113.02°E—113.58°E，29.53°N—29.71°N 范围内变动，偏移距离在 1.84 km—37.43 km，整体呈现出旅游吸引力重心东西向交互折返变动的形式，造成这种变动的原因在于，伴随着长江经济带康养旅游的发展，各省市在环境、社会、符号象征等方面都不断发展和提升，促进长江经济带的康养旅游逐渐趋于平衡发展，区域差异逐渐减小。在研究期内，长江经济带康养旅游吸引力重心偏移距离累计 178 km，年平均偏移距离 19.78 km，其中最小偏移距离为 2012 年向西北方向偏移 1.84 km，最大偏移距离为 2020 年向西南方向偏移 37.43 km。从偏移距离来看，2016 年后康养旅游吸引力重心年偏移距离明显变大，这说明伴随着 2016 年后康养旅游的快速发展，长江经济带各省康养旅游吸引力提升较快，各省市为发展康养旅游持续发力，使得康养旅游吸引力重心向东和向西交替迁移，同时也显现出长江经济带康养旅游虽然存在一定的空间差异，但并没有出现明显的"一方独大"的垄断现象和形象遮蔽问题，而是总体发展趋于平衡态势。

表 4-6 长江经济带康养旅游吸引力重心演变

年份	经度	纬度	偏移距离 /km	方向
2011	113.34°E	29.69°N	—	
2012	113.33°E	29.70°N	1.84	西北
2013	113.45°E	29.66°N	14.54	东南
2014	113.26°E	29.66°N	21.12	西北
2015	113.38°E	29.68°N	13.51	东北
2016	113.58°E	29.67°N	21.62	东南
2017	113.39°E	29.64°N	20.79	西南
2018	113.56°E	29.71°N	20.37	东北
2019	113.34°E	29.61°N	26.78	西南
2020	113.02°E	29.53°N	37.43	西南

4.3 康养旅游吸引力区域变化趋势分析

为深入分析长江经济带康养旅游吸引力变化趋势，本节对长江经济带东部、中部、西部和总体的康养旅游环境吸引力、社会吸引力、符号吸引力，以及总体康养旅游吸引力的区域空间变化趋势进行分析。根据数据分析结果，绘制了长江经济带康养旅游吸引力区域变化趋势图（见图 4-1—图 4-4）。

4.3.1 康养旅游环境吸引力区域变化趋势

根据图 4-1 可知，2011—2020 年，长江经济带的康养旅游环境吸引力总体表现为中部＞西部＞东部，中部地区的环境吸引力强于其他区域，中部的江西、安徽、湖北、湖南地区的环境发展相对较好，因此中部地区属于环境优势型区域。从历年长江经济带康养旅游环境吸引力的变化中可以了解到，2011—2019 年，中部地区的康养旅游环境吸引力呈现平稳上升的趋势，而东部地区以及西部地区的环境吸引力则是处于波动上升的趋势，说明在这一时间段内，长江经济带康养旅游环境发展并不稳定，在后续发展康养旅游的过程中，东部地区和西部地区要加强康养旅游环境建设，保持东部和西部康养旅游环境吸引力发展的稳定性。2020 年，长江经济带东部、中部以及西部地区的康养旅游吸引力都有下降，很大原因在于始于 2019 年末的新冠疫情。

2020 年，疫情的冲击对康养旅游的总体发展和产业运营造成了显著影响，导致这一区域的环境吸引力出现了下降趋势。

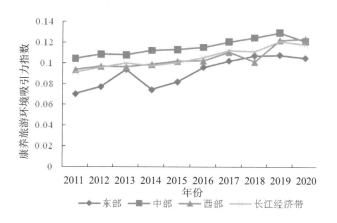

图 4-1 康养旅游环境吸引力区域变化趋势

4.3.2 康养旅游社会吸引力区域变化趋势

根据图 4-2 可知，2011—2020 年，长江经济带康养旅游社会吸引力的空间布局表现为东部＞中部＞西部，由此可见东部地区为长江经济带康养旅游社会吸引力的优势区域。江浙沪地区一直是长江经济带发展较好的区域，在经济发展、医疗发展、社会保障以及城市建设等方面具有明显的优势，使得东部地区的康养旅游社会吸引力明显高于其他区域。同时可以看到，随着时间的推移，长江经济带中部和西部地区的康养旅游社会吸引力一直处于上升的趋势，而东部地区则在 2020 年出现了下降。究其原因在于东部地区属于社会优势型区域，康养旅游社会吸引力很大程度上取决于城市的发展，而新冠疫情的暴发使各地的经济都受到明显冲击，东部地区由于旅游经济的敏感性，受到疫情的冲击较大，康养旅游社会吸引力也有所下降。

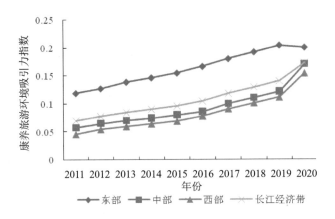

图 4-2 康养旅游社会吸引力区域变化趋势

4.3.3 康养旅游符号吸引力区域变化趋势

根据图 4-3 可知，长江经济带康养旅游符号吸引力表现为东部 > 中部 > 西部，可见长江经济带康养旅游符号吸引力的优势区域是东部地区。符号吸引力的内在属性包括文化符号、艺术符号、健康符号以及休闲符号 4 个方面，东部地区符号吸引力较高，这 4 个属性相较于其他区域处于优势地位，而其他区域要想提升康养旅游吸引力，还需要在这 4 个方面着重建设。根据长江经济带各区域的时间演变来看，各地都处于上升趋势，说明在这一时期，长江经济带各个区域的康养旅游符号吸引力都得到了较为稳定的发展和提升。

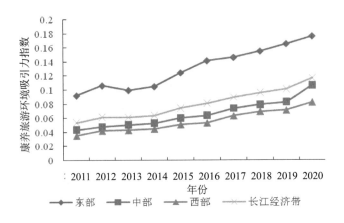

图 4-3 康养旅游符号吸引力区域变化趋势

4.3.4 康养旅游吸引力时空变化趋势

根据图 4-4 可知，长江经济带总体康养旅游吸引力表现出东部 > 中部 > 西部的分布格局，这说明长江经济带东部地区的康养旅游吸引力相较其他区域较高，东部区域的社会吸引力与符号吸引力一直处于优势地位，虽然环境吸引力低于中部地区，但是其总体康养旅游吸引力仍高于其他区域。2011—2020 年长江经济带东部、中部、西部的康养旅游吸引力整体呈现上升趋势，但是在 2020 年，东部地区环境吸引力和社会吸引力的下降导致其整体的康养旅游吸引力有所下降，中部和西部的康养旅游吸引力仍处于上升的趋势。这也表明长江经济带中部地区和西部地区的康养旅游吸引力提升较为稳定，而东部地区更容易受到外部因素的干扰。因此，长江经济带东部地区的康养旅游发展应采取稳定发展策略，而中部地区以及西部地区则需要对自身发展较慢的薄弱环节进行重点建设。

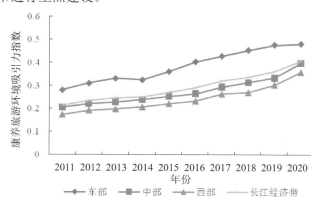

图 4-4 康养旅游吸引力区域变化趋势

第5章 康养旅游吸引力因子解释力分析

因子解释力分析可反映康养旅游各因子对康养旅游吸引力的解释程度。通过解释力的计算，对因子进行排序，可将其分为主要因子、次要因子和一般因子，分析各个因子对康养旅游吸引力的解释层次。康养旅游吸引力不仅受到单个因子的影响，而且受到因子之间交互作用的影响。通过吸引力交互因子分析，能够更好地解释康养旅游吸引力发展变化的原因。

本章主要对康养旅游吸引力各因子解释力进行分析，包括康养旅游生态环境因子、康养旅游气候环境因子、康养旅游产业环境因子、康养旅游发展环境因子、康养旅游经济基础因子、康养旅游医疗支撑因子、康养旅游社会保障因子、康养旅游城市建设因子、康养旅游文化符号因子、康养旅游艺术符号因子、康养旅游健康符号因子、康养旅游休闲符号因子12个指标。通过地理探测器，计算各探测因子的解释度，以此来分析各个因子对康养旅游吸引力的解释力；后根据各因子解释度的排名将其分为主要因子、次要因子以及一般因子；进而分析各个因子对长江经济带康养旅游吸引力的解释层次，并通过交互因子探测，分析两两因子之间的协同影响。

5.1 地理探测器模型

地理探测器模型可用于探测地理要素的差异性及其空间分布的主要作用

因素，包括风险探测、因子探测、生态探测和交互探测 4 个部分。地理探测器是一种基于统计学方法探索地理要素的空间分异特征的方法。

本书主要用地理探测器中的因子探测分析工具测度各因子对长江经济带康养旅游吸引力空间分异的解释力度。因子探测公式为：

$$q = 1 - \frac{\sum_{h=1}^{L} N_h \sigma_h^2}{N \sigma^2} \tag{5-1}$$

式中：q 为因子 F 对长江经济康养旅游吸引力的解释程度，h（1，2，…，L）为因子 F 的分类数，N_h 为因子 F 在分类数 h 内的研究单位数，N 为整个研究区域的研究样本数，σ_h^2 为分类数 h 的方差，σ^2 为研究区域 Y 的值的方差。q 的取值范围为 [0，1]，q 值越大表示因子对康养旅游吸引力的解释力越强，q 值越小表示因子对长江经济带康养旅游吸引力的解释力越弱；q 值为 1 说明因子与康养旅游吸引力完全相关，q 值为 0 则表明因子与康养旅游吸引力没有显著关系。

5.2 康养旅游吸引力探测因子分析

5.2.1 康养旅游吸引力单因子探测分析

康养旅游吸引力包含多重因子的共同作用，外部因子通过对内部因子产生作用，间接影响康养旅游吸引力，内部因子则是直接对康养旅游吸引力产生作用。通过单因子分析可对康养旅游吸引力内在机理进行深入探究，对每个因子进行分类，发现不同因子的解释水平。此类分析多运用 ArcGIS 10.7 软件中的自然间断点法对每个因子进行分类，然后根据分类结果利用地理探测器探测各因子对康养旅游吸引力空间分异的解释力度。

笔者选取 2011 年、2014 年、2017 年以及 2020 年 4 个年份的数据，利用地理探测器模型，深入探究影响长江经济带康养旅游吸引力空间分布格局形成的主要因子。构建康养旅游吸引力评价指标体系，将康养旅游生态环境因子（X1）、康养旅游气候环境因子（X2）、康养旅游产业环境因子（X3）、康养旅游发展环境因子（X4）、康养旅游经济基础因子（X5）、康养旅游医疗支撑因子（X6）、康养旅游社会保障因子（X7）、康养旅游城市建设因子（X8）、康养旅游文化符号因子（X9）、康养旅游艺术符号因子（X10）、康养旅游健康符号因子（X11）、康养旅游休闲符号因子（X12）12个指标作为长江经济带康养旅游吸引力的主要解释因子。运用 ArcGIS 10.7 软件中的自然间断点法对每个因子进行分类，然后利用地理探测器探测各因子对长江经济带康养旅游吸引力空间分异的解释力度。运行结果如表 5-1 所示。

表 5-1　长江经济带康养旅游影响因子探测结果

维度	因子	2011 年	2014 年	2017 年	2020 年	均值
康养旅游环境吸引力	康养旅游生态环境	0.341	0.062	0.584	0.637	0.406
	康养旅游气候环境	0.008	0.074	0.008	0.056	0.036
	康养旅游产业环境	0.104	0.086	0.063	0.015	0.067
	康养旅游发展环境	0.587	0.764	0.439	0.780	0.643
康养旅游社会吸引力	康养旅游经济基础	0.289	0.535	0.670	0.699	0.548
	康养旅游医疗支撑	0.152	0.082	0.349	0.865	0.362
	康养旅游社会保障	0.637	0.095	0.591	0.898	0.555
	康养旅游城市建设	0.306	0.479	0.588	0.526	0.475
康养旅游符号吸引力	康养旅游文化符号	0.573	0.537	0.685	0.759	0.638
	康养旅游艺术符号	0.481	0.307	0.435	0.420	0.411
	康养旅游健康符号	0.434	0.571	0.528	0.260	0.448
	康养旅游休闲符号	0.512	0.086	0.133	0.299	0.258

根据 2011 年、2014 年、2017 年以及 2020 年的数据，康养旅游生态环境、康养旅游气候环境、康养旅游发展环境、康养旅游经济基础、康养旅游医疗支撑、康养旅游社会保障、康养旅游城市建设、康养旅游文化符号、康养旅游健康符号等因子解释度呈波动变化，总体呈上升趋势。康养旅游产业环境、康养旅游艺术符号、康养旅游休闲符号等因子解释度呈波动下降趋势，这与目前消费者群体需求和康养旅游发展重点具有密切联系。从 2011 年到 2020 年的平均值来看，长江经济带康养旅游吸引力各因子解释度排序依次是：康养旅游发展环境 > 康养旅游文化符号 > 康养旅游社会保障 > 康养旅游经济基础 > 康养旅游城市建设 > 康养旅游健康符号 > 康养旅游艺术符号 > 康

养旅游生态环境＞康养旅游医疗支撑＞康养旅游休闲符号＞康养旅游产业环境＞康养旅游气候环境。根据此排名可以了解到，总体上，康养旅游社会吸引力和康养旅游符号吸引力因子解释力更强。具体来看，康养旅游发展环境（0.643）、康养旅游文化符号（0.638）以及康养旅游社会保障（0.555）3个因子对长江经济带康养旅游吸引力的解释力度较大，是决定长江经济带康养旅游吸引力当前时空特征的主要因子。旅游目的地康养旅游的发展环境对康养旅游吸引力的解释力最大，说明在康养旅游目的地的建设过程中，康养旅游的发展水平是决定其空间格局的重要因素。康养旅游者在旅游目的地的选择中，更注重当地康养旅游的发展情况，较高的发展水平能够为康养旅游者带来更加成熟的服务，是康养旅游者考虑的重要因素。长江经济带东部省市经济发展速度较快，康养旅游服务质量较高，使得长江经济带康养旅游吸引力呈现出东部明显高于西部的特征。同时文化符号以及康养旅游社会保障因子较为靠前，说明在康养旅游区域格局形成过程中，艺术、文化等康养特色因子也起到了重要作用。人们在寻找康养旅游目的地的时候更愿意到艺术、文化等地域特色更加鲜明的地区，不仅能够深入体验当地的艺术文化特色，而且能满足旅游者在精神疗愈方面的追求。此外，由于康养旅游者对多元文化及稀缺的康养自然生态资源需求的提升，以及长江经济带西部省市康养旅游服务水平的逐步提升，康养旅游吸引力重心还出现了明显向西偏移的情况。同时，安全、健康、便捷等社会保障因子也是康养旅游吸引力空间格局的重要解释因子。康养旅游社会保障能够为康养旅游者在旅行过程中提供更多的保障服务。人们追求的是在康养旅游的过程中通过休闲放松的方式获得健康。基础的环境资源和气候条件等因子反而对康养旅游吸引力空间差异的解释力度较小，这也反映出康养旅游发展环境重心与传统的旅游模式存在明显不同，人们的康养旅游需求已经升级，提升吸引力应注重人们生活态度和生活方式的改变。同时也反映出仅依靠资源禀赋条件提升康养旅游吸引力已不能满足多样化的旅游需求，创新康养旅游发展形式，满足旅游者艺术、文化以及服务保障的高层次需求是非常必要的。

从不同分类来看，环境吸引力中康养旅游发展环境以及康养旅游生态环境解释度较大，而其他因子的解释度相对较小，说明目的地游客周转量、旅游总收入等康养旅游发展环境以及当地的生态环境对康养旅游吸引力空间格局的形成作用相对较大，而气候条件以及产业发展则对康养旅游吸引力空间格局的作用较小。这与各区域生态环境、旅游基础设施以及消费者需求的变化有关。随着各区域生态环境建设和基础设施的不断完善，各区域气候环境和服务接待设施水平差距逐渐缩小，当满足旅游者的一些基层需求后，目的地也开始关注其他方面的建设。但是随着时间的推移，康养旅游发展环境对吸引力空间格局的作用在下降，其在康养旅游吸引力提升过程中的作用在逐渐减小。

在社会吸引力方面的因子中，社会保障能力和社会经济对康养旅游吸引力格局形成的解释力度较大，而康养旅游城市建设和康养医疗的作用相对较小，这表明康养旅游吸引力的提升，更多的是依靠社会保障能力的提高和社会经济的发展。这也说明康养旅游目的地所营造的良好的社会氛围、较强的社会保障能力、较高的经济发展都对提升康养旅游吸引力具有较大的积极作用。由于各区域城市建设水平差距不大、康养医疗发展还不够完善，因此，康养旅游城市建设和康养医疗建设水平对康养旅游吸引力的影响还较小。虽然康养旅游城市建设和康养医疗的作用相对较小，但其均值与康养旅游经济基础和社会保障的均值相差不大。因此，随着旅游者需求的提升，康养旅游城市建设以及康养医疗的影响也将会对康养旅游吸引力的空间分异起到较大作用。

从符号吸引力方面的因子来看，文化和健康对康养旅游吸引力总体空间格局的作用相对较大，而区域艺术和区域休闲对其作用相对较小。究其原因，在于在康养旅游发展过程中，精神层面和身体健康双重因素的提升是康养旅游吸引力的重要驱动力。在康养旅游过程中获得心灵上的放松和慰藉，并了解当地的康养文化、康养民俗等，是促进身心健康的重要因子。同时文化和健康因子较大的解释度也表明，康养旅游更多是一种生活方式的改变，人们更加享受精神追求所带来的幸福感。因此，这类因子在区域康养旅游吸引力整体空间格局的形成中体现了较强的解释力度。康养旅游艺术符号和康养旅游休闲符号对其作用相对较小的原因在于，区域艺术符号和休闲符号与康养旅游的结合还不够深入，未来仍需要不断深入挖掘区域艺术符号和休闲符号与康养旅游的融合点，开发相关创新康养产品。

5.2.2 康养旅游吸引力探测因子分类

探测因子分类主要是对因子解释程度进行分类，将其分为主要因子、次要因子和一般因子，进而可以更有针对性地提升康养旅游吸引力。现根据 2011 年、2014 年、2017 年、2020 年 12 个因子对长江经济带康养旅游吸引力的解释程度进行分类，通过参考相关文献对探测因子的分类，将 q 值排序前 4 位的作为主要因子，将 q 值排序中间 4 位的定为次要因子，将 q 值排序末 4 位的定为一般因子。分类结果如表 5-2 所示。

表 5-2　长江经济带康养旅游主次要影响因子

年份	主要因子	次要因子	一般因子
2011	康养旅游社会保障 康养旅游发展环境 康养旅游文化符号 康养旅游休闲符号	康养旅游艺术符号 康养旅游健康符号 康养旅游生态环境 康养旅游城市建设	康养旅游经济基础 康养旅游医疗支撑 康养旅游产业环境 康养旅游气候环境
2014	康养旅游发展环境 康养旅游健康符号 康养旅游文化符号 康养旅游经济基础	康养旅游城市建设 康养旅游艺术符号 康养旅游社会保障 康养旅游休闲符号	康养旅游产业环境 康养旅游医疗支撑 康养旅游气候环境 康养旅游生态环境
2017	康养旅游文化符号 康养旅游经济基础 康养旅游社会保障 康养旅游城市建设	康养旅游生态环境 康养旅游健康符号 康养旅游发展环境 康养旅游艺术符号	康养旅游医疗支撑 康养旅游休闲符号 康养旅游产业环境 康养旅游气候环境
2020	康养旅游社会保障 康养旅游医疗支撑 康养旅游发展环境 康养旅游文化符号	康养旅游经济基础 康养旅游生态环境 康养旅游城市建设 康养旅游艺术符号	康养旅游休闲符号 康养旅游健康符号 康养旅游气候环境 康养旅游产业环境

主要因子：2011 年康养旅游吸引力的主要因子是康养旅游社会保障、康养旅游发展环境、康养旅游文化符号、康养旅游休闲符号 4 个因子，2014 年的主要因子是康养旅游发展环境、康养旅游健康符号、康养旅游文化符号、康养旅游经济基础 4 个因子。2017 年的主要因子是康养旅游文化符号、康养旅游经济基础、康养旅游社会保障、康养旅游城市建设 4 个因子。2020 年的主要因子是康养旅游社会保障、康养旅游医疗支撑、康养旅游发展环境、康养旅游文化符号。上述结果显示，康养旅游发展环境、康养旅游社会

保障以及康养旅游文化符号在 3 年以上是主要因子，说明其在空间格局形成方面起到主要作用，在对康养旅游吸引力进行提升的过程中要着重对这 3 个因子进行提升和完善，同时也显示出相比于其他旅游形式，康养旅游更多地关注旅游目的地康养旅游的发展以及社会发展情况，旅游地良好的发展现状、完善的社会保障以及突出的文化都能够对康养旅游吸引力的提升发挥积极作用。

次要因子：2011 年康养旅游吸引力的次要因子是康养旅游艺术符号、康养旅游健康符号、康养旅游生态环境、康养旅游城市建设 4 个因子。2014 年的次要因子是康养旅游城市建设、康养旅游艺术符号、康养旅游社会保障、康养旅游休闲符号 4 个因子。2017 年的次要因子是康养旅游生态环境、康养旅游健康符号、康养旅游发展环境、康养旅游艺术符号 4 个因子。2020 年的次要因了为康养旅游经济基础、康养旅游生态环境、康养旅游城市建设、康养旅游艺术符号 4 个因子。上述结果显示，艺术符号一直为次要因子。因此，在康养旅游吸引力提升过程中，关注主要因子的同时，还需重点关注康养旅游艺术符号，促进旅游者精神层面的享受以及对文化艺术的吸收，进而降低地区差异，提升区域综合竞争力和吸引力。

一般因子：2011 年康养旅游吸引力的一般因子为康养旅游经济基础、康养旅游医疗支撑、康养旅游产业环境和康养旅游气候环境。2014 年的康养旅游吸引力一般因子为康养旅游产业环境、康养旅游医疗支撑、康养旅游气候环境和康养旅游生态环境。2017 年的康养旅游的一般因子为康养旅游医疗支撑、康养旅游休闲符号、康养旅游产业环境和康养旅游气候环境。2020 年的康养旅游的一般因子为康养旅游休闲符号、康养旅游健康符号、康养旅游气候环境和康养旅游产业环境。上述结果表示，气候环境和产业环境一直是一般因子。这反映出在康养旅游发展过程中，气候环境和产业环境对吸引力的空间格局产生的作用较小。虽然气候环境本身具有很强的地域特征，但并不是形成康养旅游吸引力空间差异的主要解释因子。因为长江经济带区域较为辽阔，各省市气候条件环境独具特色，具有一定的不可替代性，分别满足了不同旅游者的康养需求，并没有形成显著的形象遮蔽。气候条件对康养旅游者的吸引力的作用在空间上来看尚较为均衡。

5.3 康养旅游吸引力交互因子分析

交互因子分析可以更加准确地测算各因子的交互作用对康养旅游吸引的解释力度，探索因子间的交互作用是否对康养旅游吸引力空间差异增大具有作用，进而为提升康养旅游吸引力制定优化策略提供参考。

因子相互之间的交互作用会对旅游目的地康养旅游吸引力产生影响。通过地理探测器，对长江经济带影响因子两两交互作用进行分析。探测结果显示，长江经济带康养旅游吸引力因子间均存在协同的增强作用，说明各因子的交互作用能够更好地解释长江经济带康养旅游吸引力的发展变化。根据结果筛选出 2011 年、2014 年、2017 年、2020 年交互作用排序前五的因子的组合情况（见表 5-3）。

2011 年，长江经济带康养旅游吸引力交互作用力度较高的因子有康养旅游产业环境与康养旅游健康符号、康养旅游发展环境与康养旅游医疗支撑、康养旅游产业环境与康养旅游社会保障、康养旅游社会保障与康养旅游健康符号、康养旅游文化符号与健康符号。2014 年，交互作用解释力度较大的因子有康养旅游发展环境与康养旅游经济基础、康养旅游发展环境与康养旅游医疗支撑、康养旅游发展环境与康养旅游健康符号、康养旅游艺术符号与康养旅游健康符号、康养旅游健康符号与康养旅游休闲符号。2017 年，交互作用解释力度较大的因子有康养旅游气候环境与康养旅游社会保障、康养旅游产业环境与康养旅游发展环境、康养旅游发展环境与康养旅游艺术符号、康养旅游艺术符号与康养旅游健康符号、康养旅游健康符号与康养旅游休闲符号。2020 年，交互作用解释力度较大的因子有康养旅游发展环境与康养旅游休闲符号、康养旅游社会保障与康养旅游医疗支撑、康养旅游医疗支撑与康养旅游休闲符号、康养旅游社会保障与康养旅游城市建设、康养旅游社会保障与康养旅游艺术符号。

基于康复性景观理论的康养旅游吸引力研究

表 5-3 长江经济带康养旅游吸引力交互因子探测结果

2011 年		2014 年	
主导交互因子	交互类型	主导交互因子	交互类型
X3 ∩ X11	非线性增强	X4 ∩ X5	双因子增强
X4 ∩ X6	非线性增强	X4 ∩ X6	非线性增强
X4 ∩ X7	双因子增强	X4 ∩ X11	双因子增强
X7 ∩ X11	双因子增强	X10 ∩ X11	非线性增强
X9 ∩ X11	双因子增强	X11 ∩ X12	非线性增强
2017 年		2020 年	
主导交互因子	交互类型	主导交互因子	交互类型
X2 ∩ X6	非线性增强	X4 ∩ X12	双因子增强
X3 ∩ X4	非线性增强	X6 ∩ X7	双因子增强
X4 ∩ X10	非线性增强	X6 ∩ X12	双因子增强
X10 ∩ X11	双因子增强	X7 ∩ X8	双因子增强
X11 ∩ X12	非线性增强	X7 ∩ X10	双因子增强

从交互因子的探测结果来看，康养旅游健康符号以及康养旅游发展环境与其他因子的交互作用都较高，可见康养旅游发展环境和康养旅游健康符号的交互作用是形成这一时期康养旅游吸引力空间分异的主导力量。康养旅游是一种以健康为主要目的的旅游形式，旅游发展环境优越且健康氛围浓厚的旅游目的地能够形成较高的吸引力，在形成空间格局差异上也共同承担了主要作用。康养旅游健康符号以及康养旅游发展环境是构建康养旅游吸引力空间格局的主导因素，在为提升康养旅游吸引力制定优化策略时，应着重从健康符号的构建以及推动康养旅游发展环境提升的协同作用上考虑。

由此可以看出，运用康复性景观的 3 个维度来衡量康养旅游的综合吸引力是符合《国家康养旅游示范基地标准》中的要求的。长江经济带康养旅游吸引力的空间格局不是单个因子能够决定的，而是多个因素共同作用的结果，是该地区康养旅游综合吸引力的体现。长江经济带东部地区的浙江、江苏两地，经济发展程度高，医疗发展水平以及康养旅游社会保障能力较强，因此其康养旅游吸引力在长江经济带区域中处于优势地位；而西部地区的贵州、云南等地，经济发展水平、医疗和保障能力相对较低，艺术发展受限，因此其康养旅游的综合吸引力处于劣势地位。

- 90 -

基于以上分析结果可知，长江经济带康养旅游吸引力的提升还需作出针对性的优化布局。首先，需要缩小区域差距，实现长江经济带康养旅游协调发展。发挥政府的管理职能，加强区域间交流合作，发挥各省市的优势资源，促进多省市联合开发康养旅游路线，合理调度区域的优势资源，促进区域康养旅游吸引力的共同提升。其次，优化康养旅游环境要素，完善康养旅游支撑功能。坚持可持续发展的原则，积极探索绿色发展模式，在保护生态环境的同时，多渠道招商引资实现康养旅游产业的聚集效应，构建完备的康养旅游产业集群，提升康养旅游环境吸引力。最后，还需提升医疗服务水平，积极发展健康产业。提高区域医疗服务水平，发展相应的健康产业，覆盖养老、育幼、保健、康复、医疗、美容等多个领域，扩大医疗旅游、养老旅游等康养旅游的市场规模。

第 6 章 康养旅游目的地主要利益相关者支持行为分析

利益相关者是康养旅游发展过程中的重要组成部分，贯穿康养旅游发展全过程，包括政策支持、产品服务支持、环境支持等，是构成当地旅游吸引力的重要组成部分。结合现有学者研究，旅游目的地的主要利益相关者包括政府、企业、居民、旅游者等。利益相关者的支持行为对康养发展、吸引力提升至关重要。因此，为了提升康养旅游发展质量和吸引力，探究康养旅游利益相关者的支持行为十分有必要。旅游吸引力一般包含两个方面的内容，一方面是旅游目的地为旅游者提供所需的资源和环境所产生的拉力作用，另一方面则是游客在旅游过程中能够感受到其需求得到满足而产生的作用力。康养旅游吸引力的增强能够拉动更多的游客开展旅游活动，是其康养价值的重要体现。没有旅游吸引力，就没有旅游活动的开展，而相关的旅游配套设施也就失去了意义。旅游吸引力主要是利用旅游目的地拥有的各方面的资源来吸引旅游者，包括旅游目的地的旅游资源、服务设施、服务质量、营销宣传等对于旅游者的吸引力。康养旅游不仅关注旅游者的身心健康，还通过康养旅游保障能力的提升、健康旅游产品和业态的开发，满足旅游者对健康的诉求。供给侧利益主体对于康养旅游吸引力的影响研究至关重要。本章从政府、旅游企业、居民等主要利益相关者角度进行分析。

6.1 政府支持行为分析

政府主管部门是康养旅游保护与开发的重要主体，肩负着对康养旅游产业进行引导、扶持、管理和监督的重要责任。作为宏观调控者，政府主管部门通过制定规划方案、完善相关法律法规影响旅游企业对康养旅游的开发，规范旅游企业的经营，营造良好的康养旅游环境，宣传康养旅游项目，同时鼓励和支持其他相关利益主体参与到康养旅游开发中来，促进康养旅游可持续发展，提升旅游目的地吸引力。

2016年10月25日，中共中央、国务院印发《"健康中国2030"规划纲要》（以下简称《纲要》），标志着"健康中国"上升为国家战略，并成为一项长期战略任务。《纲要》指明了未来我国健康事业的发展方向，包括普及健康生活、优化健康服务、完善健康保障、建设健康环境、发展健康产业、健全支撑保障、强化组织实施等方面。积极促进健康与养老、旅游、互联网、健身休闲、食品的融合，催生健康新产业、新业态、新模式。康养旅游是健康产业新业态，《纲要》的颁布为康养旅游的发展提供了重要指导。《纲要》颁布后，国家、省、市、区相继出台了相关政策，支持健康产业发展，为康养旅游发展提供了政策指导。本书对相关重要政策文件进行了梳理，如表6-1所示。

表6-1 康养旅游相关政策

序号	政策名称	颁发部门	发布时间
1	《国务院关于促进健康服务业发展的若干意见》	国务院	2013年10月18日
2	《中医药健康服务发展规划（2015—2020年）》	国务院办公厅	2015年4月24日
3	《国家康养旅游示范基地标准》	国家旅游局	2016年1月5日
4	《国务院办公厅关于促进医药产业健康发展的指导意见》	国务院办公厅	2016年3月4日
5	《"健康中国2030"规划纲要》	中共中央、国务院	2016年10月25日
6	《国务院办公厅关于进一步扩大旅游文化体育健康养老教育培训等领域消费的意见》	国务院办公厅	2016年11月20日
7	《关于促进健康旅游发展的指导意见》	国家卫生计生委、发展改革委、财政部、旅游局、中医药局	2017年5月12日

（续表）

序号	政策名称	颁发部门	发布时间
8	《国家中医药管理局关于推进中医药健康服务与互联网融合发展的指导意见》	国家中医药管理局	2017 年 12 月 4 日
9	《国务院办公厅关于促进全域旅游发展的指导意见》	国务院办公厅	2018 年 3 月 22 日
10	《促进健康产业高质量发展行动纲要（2019—2022 年）》	国家发展改革委等 21 部门	2019 年 8 年 28 日
11	《关于促进森林康养产业发展的意见》	国家林业和草原局民政部、国家卫生健康委员会、国家中医药管理局	2019 年 3 月 13 日
12	《关于建立完善老年健康服务体系的指导意见》	国家卫生健康委等 8 部门	2019 年 10 月 28 日
13	《国务院办公厅关于促进养老托育服务健康发展的意见》	国务院办公厅	2020 年 12 月 31 日
14	《关于加快推进康复医疗工作发展的意见》	国家卫生健康委等 8 部门	2021 年 6 月 8 日
15	《"十四五"文化和旅游发展规划》	文化和旅游部	2021 年 4 月 29 日
16	《智慧健康养老产业发展行动计划（2021—2025 年）》	工业和信息化部、民政部、国家卫生健康委	2021 年 10 月 20 日
17	《国务院关于印发"十四五"国家老龄事业发展和养老服务体系规划的通知》	国务院	2021 年 12 月 30 日
18	《"十四五"健康老龄化规划》	国家卫生健康委等 15 部门	2022 年 2 月 7 日
19	《国务院办公厅关于印发"十四五"中医药发展规划的通知》	国务院办公厅	2022 年 3 月 29 日
20	《国务院办公厅关于印发"十四五"国民健康规划的通知》	国务院办公厅	2022 年 5 月 20 日
21	《康复治疗专业人员培训大纲（2023 年版）》	国家卫生健康委办公厅	2023 年 10 月 27 日
22	《服务健康事业和健康产业人才培养引导性专业指南》	教育部办公厅	2023 年 12 月 14 日

"十四五"时期，在国家重大规划和政策意见引领下，我国康养旅游事业发展取得一系列新成就。一是康养旅游政策法规体系不断完善，康养服务体系建设、运营、发展的标准和监管制度更加健全。《"健康中国 2030"规划纲要》颁布以来，国家先后出台 20 余部政策支持康养旅游发展，各地方根据国家政策，制定本地特色的康养旅游发展规划，从而引导康养旅游发展。二是创建康养旅游示范基地。2017 年，国家卫生计生委会同国家发展改革委、财政部、国家旅游局、国家中医药局全面启动第一批健康旅游示范基地建设工

作，天津健康产业园、河北秦皇岛市北戴河区、广西桂林市等13家单位被列入第一批健康旅游示范基地名单。2018年，创建第一批国家中医药健康旅游示范基地，共73家。三是养老服务体系不断完善。"十四五"期间，全国各类养老服务机构和设施数量持续增长。各级政府持续推进公办养老机构建设，加强特困人员养老保障，对经济困难的高龄、失能老年人给予补贴，初步建立农村留守老年人关爱服务体系。居家社区养老服务发展迅速，机构养老服务稳步推进，普惠养老专项行动顺利实施。四是健康支撑体系不断健全。医养结合服务有序发展，照护服务能力明显提高，2020年全国两证齐全（具备医疗卫生机构资质，并进行养老机构备案）的医养结合机构近6 000家，床位数达到158万张。五是老龄事业和产业加快发展。老年教育机构持续增加，老年人精神文化生活不断丰富，更多老年人积极参与社区治理、文教卫生等活动。老年宜居环境建设积极推进，老年人权益保障持续加强。老年用品制造业和服务业加快转型升级，科技化水平显著提升，教育培训、文化娱乐、健康养生、旅居养老等融合发展的新业态不断涌现。各级政策的制定充分体现了政府对于发展康养旅游的大力支持和积极引导。

6.2 旅游企业支持行为分析

康养旅游企业是康养旅游发展的重要组成部分，扮演着旅游服务的建设者和提供者的角色，可以在康养旅游吸引力提升方面发挥重要作用。康养旅游企业在利益的驱使下，不断拓展新业务、进行品牌建设、丰富文娱活动，提供更优质的服务，进而吸引旅游者。

目前，国民的康养旅游需求急剧上升。一方面，人口老龄化问题严重。根据2021年第七次人口普查公报数据显示，60岁及以上人口为2.64亿人，占我国总人口的18.70%，与2010年第六次全国人口普查相比，60岁及以上人口的比重上升5.44个百分点，我国已步入老龄化社会阶段。文旅中国报道，中国老年人外出旅游人数每年在500万人次以上，70%的老年人有退休后旅游的倾向。另一方面，由于社会节奏的加快和生活压力的增加，我国70%的人面临亚健康状态。全民健康需求愈加旺盛，为康养旅游产业的发展提供了巨大的市场空间。"治未病"理念越来越深入人心，对提前预防疾病、促进国民健康、缓解社会压力具有重要作用。目前的康养旅游需求现状为旅游企业发展提供了方向与动力。

相关数据显示，截至 2022 年 9 月 23 日，中国涉及康养旅游相关服务与制造的企业数量共计 6 127 家。康养旅游企业根据需求，通过大力开发康养旅游资源、设计康养旅游产品、进行产业升级和品牌建设等吸引旅游者，达到获取利益的主要目的。康养旅游产业发展要经过一系列引导、管理、集聚、宣传的演变过程。旅游相关企业对于康养旅游发展的支持行为也在不断丰富。

6.2.1 康养旅游资源开发

康养旅游资源开发过程主要体现为旅游企业对康养旅游资源的挖掘和评估，并在此基础上开发新型的康养旅游产品。在资源开发上，主要进行康养旅游生态、人文社会资源开发（包括森林、海洋、温泉、山地、民俗文化等旅游资源）等，并基于自然和文化的健康养生作用开发康养旅游产品。相关研究如表 6-2 所示。

表 6-2 康养旅游主要资源开发及相关研究

康养旅游资源	康养功能	相关研究
海洋资源	海洋面积辽阔，景色优美壮观，气候宜人，资源丰富，是娱乐、休闲与旅游充分结合的景观类型。自古以来，海上休闲度假旅游就格外重视其康体疗养的功能，海水浴的推广以及海水对某些疾病治疗功能的发现更促进了大量滨海旅游地的出现	赵杨，孙秀亭.我国沿海地区康养旅游产业创新发展研究：以秦皇岛市为例 [J]. 城市发展研究，2020，27（6）：24-28.
山地资源	依据我国《旅游资源分类、调查与评价》（GB/T18972—2003）标准中的八大类分法，并结合山地康养旅游的资源特色与康养功能，可将山地资源主要划分为山地空间环境、水景资源、山地气候、山地动植物（森林、林间花卉、山特产品）和人文景观五大类 山地空间环境是具有一定私密性的空间环境，依据其梯度性和垂直性可开发户外康体运动型和益智型康养旅游产品 水景资源是具有优良生态环境的山地空间，也是度假疗养旅游产品开发的重要场所，有益于疗养和健康恢复	周晓琴，明庆忠，陈建波.山地健康旅游产品体系研究 [J]. 资源开发与市场，2017，33（6）：727-731.

（续表）

康养旅游资源	康养功能	相关研究
山地资源	山地气候对保健医疗旅游具有较大的作用，是健康旅游产品的支撑性资源。古有"高者其气寿，下者其气夭"之说，我国传统文化也认可高山与健康长寿的密切关系 山地环境中往往拥有丰富的森林资源，噪声污染少、空气清新、负氧离子浓度高，是锻炼身体和疗养慢性病的良好场所，被誉为"天然的疗养院"，是山地康养旅游产品开发的持续性资源。 山地一般具有矿物质丰富的山泉、高营养价值的山野菜、野生中药材等山地特产和山地人文资源，是山地康养旅游产品开发的重要元素 分布在山地中的建筑、博物馆、纪念馆（塔、亭）等景观也是山地文化的重要载体，这些载体通过其外观文化与内涵文化的传达，对某些群体能够起到陶冶情操和放松身心的效果，促使人们的身心健康得到改善，具有康养功能	周晓琴，明庆忠，陈建波.山地健康旅游产品体系研究[J].资源开发与市场，2017，33（6）：727-731.
空气资源	空气负离子被誉为空气维生素或生长素，其浓度是衡量空气质量的重要指标之一。研究表明，当空气中负离子的浓度超过 700 个 /cm^3 时，人们可感受到空气新鲜，当达到 1 000 个 /cm^3 时，空气有保健的作用，超过 8 000/cm^3 则能治疗疾病 较高浓度的空气负离子，对人体的有益作用非常明显，具有抗衰老、抗疲劳、镇静、改善睡眠、降低血压、增强食欲、改善肺功能、增强免疫力等康体养生的功效，因此空气负离子也是一类重要的康养旅游资源	张生瑞，向宝惠，鞠洪润.龙胜各族自治县空气负离子资源的分布特征及开发策略[J].中国科学院大学学报，2016，33（3）：365-372.
森林资源	森林环境对人体免疫功能、人体内分泌系统、血压以及心理等具有积极影响作用 森林康养是以丰富多彩的森林景观、优质富氧森林环境、健康安全的森林食品、深厚浓郁的森林养生文化等为主要资源，配备相应的养生休闲及医疗服务设施，开展以修身养性、调试机能延缓衰老等为目的的森林游憩、度假、疗养、保健、康养等活动	皮鹏程，曾敏，黄长生，等.基于 SWOT-AHP 模型的恩施州森林康养旅游可持续发展研究[J].华中师范大学学报（自然科学版），2022，56（1）：127-139. 李济任，许东.基于 AHP 与模糊综合评价法的森林康养旅游开发潜力评价：以辽东山区为例[J].中国农业资源与区划，2018，39（8）：135-142，169.

（续表）

康养旅游资源	康养功能	相关研究
森林民俗文化	民俗文化资源包括各类医药养生文化资源，如藏医、蒙医、巴马长寿文化等形态各异的少数民族特色资源，例如云南少数民族体育旅游资源丰富独特，能够开发出有助于健身、参与性强的体育旅游项目等	薛群慧，邓永进.论云南少数民族地区健康旅游资源开发战略 [J].云南民族大学学报（哲学社会科学版），2011，28（5）：245-249.
温泉资源	温泉康养功能主要通过温泉的水质、温度、医疗保健效果来实现。温泉具有保健、健身、康体、养心等综合功能，对改善体质、增强抵抗力和预防疾病有一定的帮助。温泉旅游能够营造一种舒适惬意的氛围 温泉水可对多种疾病具有医疗作用，如肥胖症、运动系统疾病（如创伤、慢性风湿性关节炎等）、神经系统疾病（神经损伤、神经炎等）、早期轻度心血管系统疾病、痛风、皮肤病等	赵靖媛，马鹏，卢政营.温泉旅游目的地形象、感知价值与游客忠诚度关系：以辽宁省汤岗子为例 [J].企业经济，2013，32（3）：129-132.

在产品开发与融合方面，康养旅游企业结合当地特有康养旅游资源的评估结果设计康养旅游活动。旅游业态主要包括康养旅游城、康养旅游小镇、康养旅游产业园、康养旅游度假区 4 类。具体活动包括：提供养生养老、健康医疗和度假休闲服务。例如：打造老年公寓，为老年人提供全生命周期服务。以区域特色文化为基础，如利用宗教、医疗、茶道、长寿文化等打造集康养文化体验、康养教育、休闲度假区、养生养老于一体的综合度假区。广西巴马以其长寿文化和长寿环境吸引了大量消费者前往，成为知名的康养旅游区域。可以以自然资源为核心进行开发，如温泉、冷泉、江河湖泊、森林、乡村田园、气候资源和滨海资源等。构建优质的医疗服务体系，辐射特定医疗服务群体、亚健康群体和老年群体等。以旅游区现有特色医疗资源打造综合康养治疗、医疗保健的功能式度假区，如瑜伽、推拿及中医药保健度假区等。

6.2.2 康养旅游产业集聚

康养旅游被认为是一种复合型的旅游新业态，康养旅游的发展依赖健康产业和旅游产业的融合发展。产业集聚融合发展是康养旅游发展的必经之路。目前，随着旅游消费升级，休闲度假旅游越来越受欢迎，康养旅游迅速成为旅游业的新风口，凸显出巨大的市场发展空间。然而，康养旅游业存在的产品供给不足、开发模式单一、资源整合不充分、产品同质化严重、政策机制和规划设计不健全等问题，严重制约着康养旅游的发展。在人们追求美好生活和高品质生活的背景下，探索旅游产业和健康产业耦合发展，探寻康养旅游新的发展模式，对于促进康养旅游产业发展具有重要作用。目前，康养旅游相关企业多与健康产业、中医药产业、房地产、体育产业融合发展，促进了产业转型升级，提升了内部竞争力，进而可以提升康养旅游吸引力。

6.2.3 康养旅游企业宣传

康养旅游企业的宣传和营销也在很大程度上支持了康养旅游的快速普及和发展，促使需求侧越来越认识到康养旅游的有益作用。旅游企业通过线上线下联动的方式进行了广泛的康养旅游宣传推广。

线上宣传方面，打造线上平台，大力推广专项康养旅游活动，营造积极健康的旅游消费氛围。通过微博、抖音等新媒体平台联动旅游行业机构、旅游及各领域头部账号和普通用户，共同聚焦探索"旅游＋康养"跨界融合新模式；为有意愿、有资质的导游开通新媒体平台账号，让他们为用户提供更多专业讲解，助力打造康养旅游的新吸引点。

线下宣传方面，依托区域协作机制加大资源共享、客源互送等领域合作；赴国内主要客源地城市举办推介会，引入客源。推进"本地人游家乡"业务，借助国内主流媒体、新媒体等加大宣传推广力度，在客源地机场、地铁、高铁车站等发布康养旅游产品广告。联合专业 OTA 平台，开发特色康养旅游产品，构建线下康养旅游产品展示平台；依托综合智慧旅游平台，全力打开宣传推广工作新格局。加强康养旅游宣传推广创意策划，继续深耕高品质主题产品的研发和推广，推动旅游品牌升级及产品体系建设，举办各类媒体线下联合推广活动，继续推动品牌与康养旅游融合等。

6.3 居民康养旅游支持行为分析

居民对旅游的支持行为在学术界得到了广泛的关注，并且有较丰富的研究基础。居民作为目的地旅游开发的重要组成部分，在提供产品和服务、旅游氛围建设、口碑宣传方面具有重要作用。因此，康养旅游开发过程中，居民的支持行为对康养旅游可持续发展、吸引力的提升至关重要。但居民在旅游开发过程中常处于边缘地位，参与能力较弱，参与程度不高，获益感不强，并且承担旅游发展带来的一系列影响。这导致居民支持力度不强甚至持消极态度，反对康养旅游发展。目前学术界多从居民旅游影响感知、公正感知、生活质量感知和相关情感方面对居民旅游支持行为进行研究。

居民在康养旅游发展过程中具有多重身份，既是服务的提供者，也是康养旅游影响的承担者。同时居民感知会涉及政府、企业相关行为。因此，本书从居民角度对旅游康养旅游支持行为进行定量研究，构建康养旅游支持行为理论模型，探究居民康养旅游支持行为的影响因素和影响机理。运用结构方程模型方法进行数据分析，在理论和定量分析基础上，根据分析结果为康养旅游地可持续发展、吸引力提升提供建议和对策。

6.3.1 居民康养旅游支持行为理论模型构建

6.3.1.1 总体理论逻辑框架

认知 - 情感 - 行为理论认为，个体对事物的认知会影响其情感，进而影响其支持行为，即情感在认知和行为之间起到中介作用，认知也会直接对支持行为产生影响。该模型很好地阐述了行为的形成过程。具体模型如图 6-1 所示。

图 6-1 总体理论逻辑框架

同样，此理论也适用于康养旅游目的地居民支持行为的研究，目前该理论在旅游目的地居民行为研究中起到了重要支撑作用。居民作为康养旅游发展的重要利益相关者，在旅游发展过程中扮演着服务提供者、政策决策参与者、旅游影响的承担者等角色，对目的地品牌宣传、形象树立发挥着重要作用。在康养旅游发展过程中，当地居民与康养旅游各方面密切接触，从而产生对康养旅游的相关认知，包括旅游影响感知、感知公平、政府信任、风险感知、旅游形象感知等，这些认知对其情感、态度和支持行为均存在一定影响。因此，探索居民康养旅游认知、情感和支持行为之间的影响关系尤为重要。认知-情感-行为理论为探索康养旅游目的地居民认知、情感和支持行为之间的关系提供了充分的理论依据。

6.3.1.2 理论模型构建

（1）旅游影响感知

在康养旅游开发过程中，居民会敏锐地感知旅游开发影响的利害关系，包括积极影响（获益感知）和消极影响（成本感知）。居民会基于旅游影响感知判断是否支持当地旅游业发展。社会交换理论是检验居民对旅游发展的态度、支持度的重要指导框架。根据这一理论，居民在选择支持或反对旅游业发展之前会先认识到旅游业带来的收益和损失。如果社区居民认为他们在旅游发展中的获益大于成本，就会支持社区发展旅游；反之，他们会反对旅游业发展。因此，本研究设置了旅游影响感知维度。

（2）感知公平

在康养旅游发展过程中，不可避免地会对当地居民产生影响，会出现居民边缘化、公平感缺失等问题，从而引发居民对康养旅游的负面态度。因此，居民感知公平是决定居民是否参与、支持旅游发展的重要因素。Wang S. 等（2021）在研究中强调，旅游地可持续发展不仅应为居民带来物质利益，还应考虑公平和正义等社会因素，并在研究中证实了居民感知公平对旅游支持行为存在影响关系。公平理论为居民感知公平提供了理论基础。目前，对康养旅游地居民感知公平的关注还比较少，因此本研究结合当前理论基础进一步探索居民感知公平对康养旅游支持行为的影响机制。

（3）情感

心理学相关研究表明，个人情感也会影响其判断、决策和行为。目前，在康养旅游过程中，居民和旅游者越发追求情感方面的满足，情感成为旅游产品设计的核心要素之一。居民情感在居民旅游影响感知与支持行为的传导机制中起到中介作用。情感是指个体对客观事物是否满足自己的需要而产生的态度体验。在旅游环境中，旅游开发活动符合居民的需求或者未侵害居民的利益，居民倾向于欢迎的态度，会产生高兴、喜悦、自豪等积极情感。反之，则会呈现拒绝的态度，产生沮丧、讨厌、愤怒等消极情感。认知-情感-

行为理论揭示了各要素之间的关系，即个体对事物的认知会影响情感，进而影响他们的行为。鲍佳琪等（2023）在研究中发现居民满意度这一情感要素在积极和消极旅游影响感知与亲旅游行为意向关系之间起到中介作用。对于情感的分类方法有多种，最常见的是将其分为积极情感和消极情感两类。因此，本研究将积极情感和消极情感作为居民旅游影响感知、感知公平与旅游支持行为关系的中间变量，建立康养旅游地居民"旅游影响感知、感知公平－情感－旅游支持行为"的研究框架。

（4）主动健康

主动健康作为一种干预模式，强调通过一体化健康服务、体养融合等干预方式，使居民从"被动健康"向"主动健康"转变。就个体而言，主动健康体现了个体为实现健康状态而积极作为的态度。居民主动健康会引导居民更好地参与康养旅游活动，并结合自身主动健康知识认识到主动健康、康养活动的重要性，从而影响其对于康养旅游发展的支持行为。何莽等（2022）在研究中发现，先前知识在居民感知价值和支持行为之间具有正向调节作用，主动健康作为一种包括健康知识和理念、健康生活方式和行为素养及基本技能素养的健康素养，其个体主动健康理念和行为上的差异，会直接影响居民的相关认知，使得不同居民即使面对同一旅游发展环境的刺激，也会产生不同的反应。因此，探索康养旅游地居民主动健康在认知与行为之间的调节作用具有重要意义。

（5）旅游支持行为

此概念主要针对居民是否要实施康养旅游支持行为的自我可能性评估进行探究。当地居民与旅游各方面密切接触，他们的行为会直接或间接地影响旅游目的地形象以及旅游吸引力的提升。因此居民对旅游业的支持被认为是实现旅游业可持续发展的重要因素。根据前文分析，认知层面和情感层面各维度均对居民旅游支持行为产生影响。

综上，本书研究基于认知－情感－行为理论、社会交换理论、公平理论构建理论模型，将居民旅游影响感知、感知公平、主动健康、情感和旅游支持行为联系起来，按照认知—情感—行为的路径开展研究，探索其中的作用机制。其中，旅游影响感知和感知公平为认知维度，积极情感和消极情属于情感维度，旅游支持行为为行为维度。运用结构方程模型和回归分析方法，探究认知、情感、行为各维度之间的影响关系，情感的中介作用和主动健康的调节作用。本研究的理论模型如图 6-2 所示。

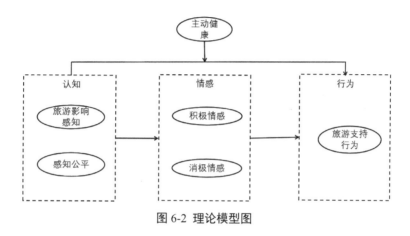

图 6-2 理论模型图

6.3.2 研究假设

6.3.2.1 旅游影响感知与居民旅游支持行为

康养旅游作为一种复杂的社会现象，其发展如同一把双刃剑，一方面可以为旅游目的地带来积极影响，包括丰富当地的旅游形式、改善经济、加强当地医疗保健系统建设、增加就业机会等，促使居民获益；另一方面，会带来一些消极影响，包括传统医疗保健服务向商业机会主义转变、康养服务成本增高、医疗保健服务可及性下降和地方污名等问题，影响居民的日常生活。大量研究表明，旅游目的地居民会根据旅游影响感知选择其是否支持当地旅游业的发展。感知获益和感知成本是居民对旅游影响感知的两个重要维度，如果居民认为旅游收益高于成本，那么就会愿意参与交换，相应地，如果旅游正面影响感知高于负面，居民也会更愿意支持康养旅游的发展。相反，居民感知到的消极旅游影响则会在很大程度上减弱他们的支持度。Gursoy 等的研究表明，积极旅游影响感知正面影响居民对旅游发展的支持，消极旅游影响感知负面影响居民对旅游发展的支持。王咏等（2014）基于社会交换理论，研究了居民利益感知和成本感知等维度与居民旅游支持度的关系。结果表明，居民旅游利益感知正向影响其支持度，而成本感知并未显著影响居民旅游支持度，负面影响并不明显，并认为这种现象的出现与旅游发展仍处于初期阶段有关。Rasoolimanesh 等和 Lee 的研究表明，积极旅游影响感知能够促进居民支持旅游开发，消极旅游影响感知会削弱居民支持旅游开发。本书基于社会交换理论，设置感知获益和感知成本两个维度，并结合文献综述及理论支撑作出以下假设：

H1：旅游影响感知对居民旅游支持行为具有显著的影响。

H1a：感知获益对居民旅游支持行为具有显著正向影响。

H1b：感知成本对居民旅游支持行为具有显著负向影响。

6.3.2.2 感知公平与居民旅游支持行为

在康养旅游发展过程中，利益相关者众多，利益冲突不可避免。然而，居民由于资金、技术、资源等参与能力的限制，以及参与意识的薄弱，在康养旅游发展过程中处于弱势地位。因此，居民可能产生被剥夺感。根据利益相关者理论，旅游地居民公平感知将会影响他们与旅游地之间的关系，进而影响他们的行为。在旅游发展过程中，居民会基于获益和成本对旅游发展公平作出感知，从而影响对当地旅游发展的支持态度。目前，一些学者已经将公平理论应用到旅游目的地领域，探索旅游目的地情境下居民感知公正与居民的旅游支持行为之间的关系。刘静艳等（2016）发现旅游目的居民感知公平正向影响支持行为。Wang S. 等（2022）将组织公正理论应用于乡村旅游目的地研究中，发现居民感知公正会显著影响居民的旅游支持行为。

通过文献梳理发现，学者大多将感知公平分为不同维度展开测量。其中，双因素论（分配公正和程序公正）是最常见的一种。三因素论将感知公平划分为分配公平、程序公平和互动公平。目前也存在互动公平是否应独立于分配公平和程序公平之外的争议，需要根据研究情景特点进行选择。本书参考刘静艳等相关学者的研究和组织公正的常见理论模型，将感知公平划分为分配公平和程序公平两个维度。据此，作出以下假设：

H2：感知公平对居民旅游支持行为具有显著正向影响。

H2a：分配公平对居民旅游支持行为具有显著正向影响。

H2b：程序公平对居民旅游支持行为具有显著正向影响。

6.3.2.3 情感的中介作用

在康养旅游发展过程中，居民与康养旅游发展各环节和各利益相关者密切接触、交流、合作或交易，旅游规划开发会给当地居民带来生活方式和生活环境的改变。在一系列旅游措施影响下，居民会基于认知判断，产生相应的积极或消极情感，这些情感又会引发相应的居民社会行为，其中包括对康养旅游发展的支持行为。

根据认知－情感－行为理论，个体对事物的认知会影响他们的情感，进而影响他们的行为倾向和具体行为。旅游开发活动符合居民的需求或者未损害居民的利益，居民更倾向于接受它，反之，则会拒绝它。旅游影响感知作为本研究的认知部分，其与积极情感和消极情感的关系被部分学者证实。周曦（2019）在康养旅游居民旅游支持行为研究中，探索了正向旅游影响感知（感知获益）和负向旅游影响感知（感知成本）与居民积极情感和消极情感间的关系。研究发现，感知获益正向影响居民积极情感，但与消极影响的关系并不显著，感知成本与居民积极情感和消极情感具有显著的负向和正向影响关系。据此，作出以下假设：

H3：居民旅游影响感知对情感具有显著影响。

H3a：居民感知获益对积极情感具有显著正向影响。

H3b：居民感知获益对消极情感具有显著负向影响。

H3c：居民感知成本对积极情感具有显著负向影响。

H3d：居民感知成本对消极情感具有显著正向影响。

目的地若未能做到感知公平会导致居民的消极态度、低生活满意度和低社区认同感。Cheung研究发现，员工对组织内部感知公平越高，其对组织依恋感、责任感和认同感越强。以此同理推及，康养旅游地居民感知公平越高，往往对目的地康养旅游发展认同感越强。何学欢等（2018）的研究表明，在旅游目的地组织下，居民公平感知对居民社区满意度和社区认同有部分显著影响。因此作出以下假设：

H4：居民感知公平对情感具有显著的影响。

H4a：居民分配公平感知对积极情感有显著正向影响。

H4b：居民分配公平感知对消极情感有显著负向影响。

H4c：居民程序公平感知对积极情感有显著正向影响。

H4d：居民程序公平感知对消极情感有显著负向影响。

心理学相关研究表明，个体情感也会影响其判断、决策和行为。旅游目的地居民情感可能是居民旅游认知与支持行为的传导机制。郭小艳和王振宏认为积极情绪是个体受到内外部刺激产生的愉悦感情绪，其可以激活个体的行动。Mitas（2008）研究发现，旅游过程中良好的社会关系能够促使旅游者产生积极的情绪，从而增强其重游意愿。郭安禧等（2020）也探索了社区满意度和社区认同等情感因素在居民旅游影响认知和支持行为之间的中介作用。据此，得出以下假设：

H5：居民情感对旅游支持行为具有显著影响。

H5a：居民积极情感对旅游支持行为具有显著正向影响。

H5b：居民消极情感对旅游支持行为具有显著负向影响。

H6：情感维度在认知维度与旅游支持行为间起中介作用。

6.3.2.4 主动健康的调节作用

随着健康中国战略的推进，居民不断追求自身的健康良好状态，主动健康理念不断提升。居民个体的主动健康水平与康养旅游发展也有着密切关系。管婧婧等（2022）认为居民的地方性知识能够促进居民参与当地的旅游活动，为地方居民提供了获得收益与实现价值的方式和路径，让居民获得更多满足感，促进居民的支持行为。主动健康管理水平高的居民，重视自身健康情况，对当地康养政策以及康养旅游活动更加关注，会更好地参与康养旅游活动，降低负面感知，提升正向感知，支持康养旅游发展。主动健康管理水平低的居民参与康养旅游程度较低，对康养旅游的关注度和重视程度不够，从而导致居民正向感知偏低或负向感知偏高，影响支持行为。正因为居民对康养旅游的主动关注不够，所以对旅游支持行为多依靠被动感知，依靠外部刺激感知判断自己的支持行为，使主动健康与旅游影响感知和感知公平外部刺激因素对旅游支持行为产生一种替代作用。

调节作用包括促进和抑制作用两种类型。在调节变量的测算程序中存在一种特殊的情况，即自变量和调节变量对因变量的影响存在此消彼长的关系，即替代关系。本书希望通过探索康养旅游情境下主动健康在认知维度和情感维度中的调节作用，来明确这一作用机理。因此作出以下假设：

H7：主动健康在居民认知维度与旅游支持行为之间具有调节作用。

6.3.3 研究量表设计

根据以上假设关系，本研究以认知－情感－行为理论为总体理论逻辑框架，结合社会交换理论和公平理论，构建了以感知获益、感知成本、分配公平、程序公平为自变量，旅游支持行为为因变量，积极情感和消极情感为中介变量，主动健康为调节变量的理论模型，如图6-3所示。该模型也表明了各研究变量之间的假设关系，为建立和验证结构方程模型提供指导。

在具体实证研究模型基础上进行详细量表设计。本书测量题项多借用以往研究中已被实证检验过的成熟量表。笔者阅读大量文献对量表进行总结，结合康养旅游情景设计了量表题项。在问卷设计完成之后进行预调研测试，基于预调研结果反馈，对问卷部分题项内容和位置顺序进行了调整，优化了问卷的逻辑性和可读性，以进一步保证测量语义内容与研究情景一致。

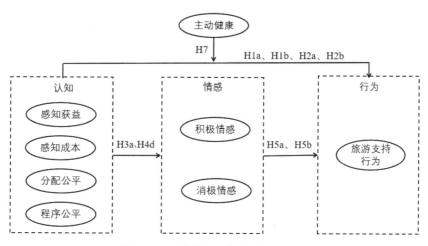

图6-3 居民旅游支持行为实证模型

调查问卷分为4个部分：第一部分为人口统计学特征，包括性别、年龄、职业、受教育程度、月收入、是否从事旅游行业、一年内进行的康养旅游次数、在本地居住年限等；第二部分为认知量表的测量，包括感知获益、感知成本、分配公平、程序公平、主动健康等维度的测量；第三部分为居民情感测量，包括积极和消极情感两方面的测量；第四部分为旅游支持行为的测量。量表部分均采用 Likert 7 点式量表（李克特 7 点式量表），设置从"非常不同意"到"非常同意"对应的 1—7 个等级。

（1）旅游影响感知量表设计依据

居民旅游影响感知主要是指居民对其生活区域的旅游开发带来的社会关系和物质环境改变的主观认知。感知获益和感知成本是其包含的两个重要维度。根据前文对旅游影响感知文献的梳理，感知获益多包含提升个人收入、增加就业机会、丰富旅游活动、改善基础设施和居住环境等。感知成本同样从经济、社会文化、环境等维度进行设定，包含物价的上涨、服务资源紧张、与游客冲突、环境破坏等。本书主要借鉴 Lee 和 Nunkoo 等的研究量表，结合康养旅游情景，设计了感知获益和感知成本量表，如表 6-3 所示。

表 6-3 旅游影响感知测量量表

潜变量	代号	观察变量
感知获益	HY1	康养旅游发展为居民提供了更多就业机会，增加了收入
	HY2	发展康养旅游后，吸引了很多投资商来到本地
	HY3	康养旅游开发促进了当地健康、养生活动的开展
	HY4	康养旅游发展加强了当地基础设施建设（如道路、娱乐设施、康养服务设施等）
感知成本	CB1	康养旅游发展造成了当地物价上涨，提高了居民日常生活成本
	CB2	康养旅游开发导致当地服务资源紧张
	CB3	康养旅游发展之后，治安问题增多了
	CB4	康养旅游发展过程中居民会与游客产生冲突
	CB5	康养旅游开发导致当地环境被破坏、污染

（2）感知公平量表设计依据

通过文献梳理发现，学者大多将感知公平拆分为不同维度展开测量，本书结合康养旅游研究情景与相关学者研究，沿用感知公平的双因素论，将感知公平划分为分配公平和程序公平两个维度。分配公平指居民将自己的投入与回报进行横向与纵向对比：横向是同其他居民或者社区进行对比，纵向是与以往作对比。程序公平指旅游目的地管理部门确定结果分配的过程、规则和实施是否公平。量表内容主要结合刘静艳等、何学欢等、秋姗姗等学者的研究量表，并基于实际调研情况进行分配公平和程序公平量表设计，如表 6-4

所示。

表 6-4 居民感知公平测量量表

潜变量	代号	观察变量
分配公平	FP1	您的获得反映了您对康养旅游发展工作投入的努力
	FP2	您的获得反映了您所完成的康养旅游发展工作
	FP3	您的获得反映了您对社区康养旅游发展作出的贡献
	FP4	您的获得反映了您对康养旅游发展工作产生的绩效
程序公平	CX1	在康养旅游开发进行有关政策决策时，您能表达您的观点和感受
	CX2	在康养旅游开发过程中，相关政策和实践保持了良好的一致性
	CX3	在康养旅游开发过程中，相关政策和实践遵守伦理和道德
	CX4	您能够对康养旅游开发过程中存在的问题进行投诉和质询

（3）情感因素量表设计

对于居民的情感研究多为某种具体情感研究，如满意度、幸福感、地方依恋、相对剥夺等情感，并且更侧重于积极情感的测量，缺乏消极情感测量。但在情感体验中积极情感与消极情感是相互独立的，一个个体可能出现较高的正面情感，也可能出现较高的负面情感。吴丽敏通过国内外文献梳理和质性访谈等方法构建了文化古镇旅游地居民情感结构的理论框架。研究发现，社区居民的正面情感主要表现为地方依恋、满意度、幸福感、归属感等方面，负面情感主要表现为剥夺感、排斥感等方面。这些心理状态与主观感受均具有明显的感情色彩，是情感因素的内在根源。周曦结合文献分析和质性访谈，总结了适合康养旅游目的地居民的积极和消极情感的量表，积极情感包括满意感、归属感、幸福感、期待感，消极情感包括排斥感、剥夺感、失落感、忧虑感。因此，本研究积极情感借鉴周曦（2019）等学者研究，消极情感借鉴吴丽敏（2015）等学者设计的量表，确定居民情感测量题项，如表 6-5 所示。

表 6-5 居民情感测量量表

潜变量	代号	观察变量
积极情感	JJ1	您对本地康养旅游发展感到满意
	JJ2	本地康养旅游发展使您感到幸福
	JJ3	您为本地康养旅游的发展感到自豪
	JJ4	您对本地康养旅游发展感到期待

（续表）

潜变量	代号	观察变量
	XJ1	康养旅游发展过程中您被边缘化，使您产生了排斥感
	XJ2	康养旅游发展中别人占有了本该属于您的资源和利益，使您产生了剥夺感
消极情感	XJ3	康养旅游发展过程中大量游客涌入，使您产生了厌恶感
	XJ4	您担心康养旅游会不利于本地的长远发展（如游客负面评价对当地名声的影响）

（4）主动健康量表设计依据

主动健康是个体可以积极主动构建健康素养体系，拥有健康生活理念和知识储备，能够积极获取健康养生知识，开展健康养生行动，打造健康生活方式，拥有基本技能维持和促进健康，主动获得持续健康的能力。健康素养是指个人获取和理解基本健康信息和服务，并运用这些信息和服务，作出正确健康决定的能力。付强强等（2022）对国内外健康素养测评工具进行了综述研究，发现测评内容主要涉及阅读理解、计算能力、信息获取、信息应用、信息交流、词汇识别等方面。Jordan J. E. 等（2013）认为，大多数可用的健康素养措施侧重于评估阅读、理解和算术技能，并没有捕捉到许多健康素养的基本概念。越来越多的人认为，健康素养包括更广泛的属性，而不仅仅是识字、阅读等技能，例如在更广泛的社会和环境背景下互动的能力。因此，Jordan J. E. 提出了一种新的方法来评估医疗保健环境中的健康素养，包括寻求健康信息途径、主动寻求或了解健康信息的能力、语言沟通能力以及保留、处理和应用信息的能力。因此本书基于主动健康定义和 Jordan J. E. 等相关学者研究，进行量表和问卷的设计，如表6-6所示。

表6-6 居民主动健康测量量表

潜变量	代号	观察变量
	ZD1	在日常生活中您主动获取健康、养生知识
	ZD2	您能够理解相关健康知识信息和服务
主动健康	ZD3	您能够将您获得的健康知识信息应用在您的生活中，以促进身体健康
	ZD4	您能对您掌握的相关信息进行正确的健康决策
	ZD5	您日常进行健康养生活动
	ZD6	您会主动改变不良健康习惯

（5）居民旅游支持行为量表设计

居民对旅游的支持具体可体现为旅游开发支持态度、旅游地推荐意向（口碑）、旅游参与行为等。本书的旅游支持指居民对康养旅游发展的支持行为，指旅游目的地居民愿意支持或参与当地康养旅游发展的行为。居民作为旅游目的地发展的重要组成部分，其支持行为充分体现在参与康养旅游发展规划与决策、康养旅游经营、环境资源保护、口碑和宣传行为以及接待意愿等方面。本章借鉴了何莽等（2022）和鲍佳琪等（2023）学者测量居民的旅游支持行为的量表，并结合案例地实际情况对题项进行了完善，如表 6-7 所示。

表 6-7 居民旅游支持行为测量量表

潜变量	代号	观察变量
旅游支持行为	ZC1	您愿意参与康养旅游经营活动
	ZC2	您愿意参与当地康养旅游政策决策和规划
	ZC3	您愿意保护当地康养旅游资源
	ZC4	作为主人您愿意接待旅游者，并且更加热情好客
	ZC5	为了当地康养旅游的良好发展，您愿意向别人传播本地康养旅游的正面信息

6.3.4 康养旅游地居民感知和支持行为关系实证分析

6.3.4.1 典型案例区选择

为了更有针对性地探究居民支持行为的具体影响因素，本书选择更具代表性且康养旅游发展已经初具规模、居民具有一定感知程度的典型案例区"北戴河生命健康产业创新示范区"开展实证调研。2016 年 9 月 28 日，国务院批复北戴河成为国家首个生命健康产业创新示范区（以下简称北戴河创新示范区），这意味着北戴河创新示范区的发展上升至国家战略。北戴河创新示范区包括北戴河区、北戴河新区、北戴河国际机场空港区等区域，规划面积为 520 km²，规划目标为打造集医药、健康、养生、旅游为一体的生命健康产业集群。

北戴河生态环境优越，气候舒适，示范区富有海洋、沙滩、森林、湿地等优质康养旅游自然资源。文化底蕴方面，北戴河地区健康疗养历史悠久，清朝时就成为旅游避暑胜地。新中国成立后，北戴河被确定为国家优秀人才的避暑和疗养地，养生文化底蕴深厚。

北戴河创新示范区努力建设高端医疗服务集聚区、国际健康旅游目的地、生态宜养地。目前，石药干细胞研发基地、北戴河心脑血管病医院、现代中药示范基地等重大产业项目初具规模，生命科学园、医疗器械产业港、福美健康科技园等园区加快集聚。休闲养老、高端医疗、健康旅游等生命健康产业集群正加速发展。截止到 2023 年底，累计实施产业及基础设施等重大项目 624 个，完成投资 400 亿元。力争到 2030 年，实现生命健康产业年增加值达到 1 000 亿元，构建"医、药、养、健、游"全面发展的生命健康产业发展格局。目前，北戴河创新示范区康养旅游项目包括远洋蔚蓝海岸帆船航海基地、恒博华贸国际网球中心、生命科学园、荣和心苑温泉中心、国际康养旅游中心，相关体育活动包括海边慢跑、航帆远行、栈道骑行等。北戴河作为国家最早设立的生命健康产业创新示范区，其发展模式在实践中经过不断摸索已趋于成熟，作为国家级的示范区，具有典型性。

在案例地选择了解过程中发现，北戴河创新示范区康养旅游发展过程中存在居民边缘化、参与感不强、价值感知缺乏和支持态度模糊等问题。因此，亟须开展相关研究深入了解居民对康养旅游的相关感知以及支持行为。

6.3.4.2 数据收集

结合已经构建的居民旅游支持行为概念模型以及设计的量表，形成最终的调查问卷。在正式收集数据之前确定样本类别，收集小部分数据进行预调研，检验数据的信度和效度，并基于结果进行修正，修正完成后进行正式调研。

（1）样本选择

研究对象是北戴河创新示范区区域内的居民，包括北戴河区、北戴河新区以及北戴河国际机场空港区居民。在调研对象的选择上参考何莽、周曦等学者的方法，确定调研对象包括本地居民和居住一年以上的外来居民，不包括旅游者。

（2）预调研

为保证问卷的科学性和数据的有效性，通过预调研检验量表是否适合北戴河创新示范区居民感知和旅游支持行为关系研究。通过在当地发放纸质问卷和定向线上分享等方式，回收有效问卷 116 份。运用 SPSS 24.0 软件对预调研数据进行了分析。克隆巴赫系数（Cronbach's alpha）信度检验方法是目前公认的问卷信度检验方法，其系数取值范围在0—1之间，数值越大信度越高，各维度内部一致性也越强。以往研究认为，克隆巴赫系数大于0.7，该问卷就具有较好的信度。本次调研结果各维度克隆巴赫系数均在0.8—1之间，说明量表内部一致性较好。信度分析结果如表6-8所示。

表 6-8 预调研各维度变量信度分析结果

变量	克隆巴赫系数	项数
感知获益	0.921	5
感知成本	0.95	5
分配公平	0.933	4
程序公平	0.893	6
主动健康	0.955	6
积极情感	0.959	4
消极情感	0.974	4
旅游支持行为	0.906	5
总体	0.959	39

为了检验量表的效度，判断量表题目和抽取维度的内部归属关系，运用 KMO 值和 Bartlett 球形检验的显著性水平来检验问卷的效度。一般认为，KMO 值大于或等于 0.7，p 值小于 0.05，问卷就具有较好的效度。KMO 越大，效度越好，越适合作因子分析。本次研究问卷效度检验结果如表 6-9 所示，问卷所含量表总体 KMO 值为 0.869，Bartlett 球形检验的显著水平为 0.000，达到显著性水平，说明量表题目与抽取维度内部关系较强，可以进行因子分析。

表 6-9 量表的 KMO 检验和 Bartlett 检验

分析方法		结果
KMO 取样适切性量数		0.869
Bartlett 球形检验	近似卡方	7 270.875
	自由度（df）	946
	显著性（sig）	0.000

（3）正式调研

本研究采用问卷调查方法于 2023 年 5—6 月在北戴河创新示范区进行了大规模问卷发放，基于康养核心景区附近村庄和社区（老虎石、鸽子窝、仙螺岛、渔岛温泉等景区附近村庄和社区）进行调研，同时还结合实际情况对居民进行现场访谈，尽可能详细、深入地了解北戴河创新示范区附近居民对康养旅游发展的感知和态度。本次调研共发放问卷 613 份，回收 613 份，回收率为 100%。通过筛选，去除选项数值全部相同和明显矛盾的问卷。问卷过程中对填写时间短的问卷进行标记，并进行仔细复查，对存在问题的问卷进行删除。最后，结合问卷数据测算结果情况，删除与补充问卷，直到获得有效问卷 500 份为止，问卷有效率为 81.6%。后续主要通过 SPSS 24.0 和 AMOS 24.0 对所获得的有效数据进行统计分析与检验。

6.3.4.3 描述性统计分析

（1）人口统计学特征分析

人口统计学描述性分析包括性别、年龄、学历、职业、月收入、是否从事旅游行业、年平均康养旅游次数等 7 个方面，结果如表 6-10 所示。

在本次调研中，男女受访者比例基本平衡，男性占比 45.8%，女性占比为 54.2%，男性占比略小于女性。

受访者年龄分布较为均衡，35—44 岁的居民占比最高，为 26.4%；其次是 25—34 岁的居民，占比为 23.2%，45—54 岁的居民占比为 18.0%；18—24 岁的居民占比为 14.0%；55—64 岁和 65 岁及以上的居民占比分别为 13.0% 和 5.4%。

受教育程度方面，有 38.6% 的居民为大学（含大专）学历；29.2% 的居民为高中（含中专、技校）学历；21.2% 的居民为初中学历；获得硕士及以上学历的人数较少，占比为 6.2%；4.8% 的居民为小学及以下学历。

表 6-10 样本人口统计特征分析

基本信息	分类变量	频率	百分比
性别	男	229	45.8%
	女	271	54.2%
年龄	18—24 岁	70	14.0%
	25—34 岁	116	23.2%
	35—44 岁	132	26.4%
	45—54 岁	90	18.0%
	55—64 岁	65	13.0%
	65 岁及以上	27	5.4%

（续表）

基本信息	分类变量	频率	百分比
学历	小学及以下	24	4.8%
	初中	106	21.2%
	高中（含中专、技校）	146	29.2%
	大学（含大专）	193	38.6%
	硕士及以上	31	6.2%
职业	政府、事业单位人员	66	13.2%
	公司企业人员	94	18.8%
	个体工商户	105	21.0%
	自由职业者	27	5.4%
	学生	48	9.6%
	农民	27	5.4%
	离退休人员	59	11.8%
	其他从业人员	74	14.8%
月收入	3 000 元以下	137	27.4%
	3 000—4 999 元	187	37.4%
	5 000—6 999 元	114	22.8%
	7 000—8 999 元	41	8.2%
	9 000 元及以上	21	4.2%
是否从事旅游行业	是	120	24.0%
	否	380	76.0%
平均康养旅游次数／年	没有进行过康养旅游	209	41.8%
	1—2 次	182	36.4%
	3—5 次	63	12.6%
	6—8 次	16	3.2%
	8 次以上	30	6.0%

职业方面，受访居民中为个体工商户的占比为 21.0%，为公司企业人员的占比为 18.8%。其他受访居民还包括政府、事业单位人员及离退休人员、学生、自由职业者、农民以及其他从业人员，占比分别为 13.2%、11.8%、9.6%、5.4%、5.4%、14.8%，样本覆盖行业较全面。

月收入方面，37.4% 的居民月收入为 3 000—4 999 元，27.4% 的居民月收入为 3 000 元以下，22.8% 的居民月收入为 5 000—6 999 元，月收入 7 000—8 999 元的居民与月收入 9 000 元及以上的居民占比较小，分别为 8.2% 和 4.2%。

（2）各变量测量项描述性分析

运用 SPSS 24.0 软件对已获得的 500 份有效问卷进行统计分析和正态分布检验。根据表 6-11 可知，本次研究每个变量题项的偏度绝对值均小于 3，峰度绝对值均小于 10，服从正态分布，适合进行下一步分析。

表 6-11 各变量测量题项描述性统计（n=500）

维度	观察变量	M	SD	偏度	峰度
感知获益	HY1	5.57	1.335	−1.014	0.844
	HY2	5.61	1.223	−0.845	0.304
	HY3	5.56	1.117	−0.665	0.186
	HY4	5.85	1.055	−1.344	3.109
感知成本	CB1	4.62	1.575	−0.403	−0.542
	CB2	4.01	1.527	−0.096	−0.657
	CB3	3.58	1.611	0.265	−0.662
	CB4	3.17	1.428	0.338	−0.465
	CB5	3.41	1.547	0.129	−0.878
分配公平	FP1	4.45	1.378	−0.301	0.100
	FP2	4.48	1.349	−0.296	0.114
	FP3	4.60	1.315	−0.286	0.039
	FP4	4.54	1.294	−0.253	0.279
程序公平	CX1	4.36	1.495	−0.102	−0.644
	CX2	4.66	1.382	−0.192	−0.462
	CX3	4.55	1.477	−0.145	−0.525
	CX4	4.92	1.327	−0.393	0.140
	CX5	4.68	1.518	−0.132	−0.568
	CX6	4.56	1.563	−0.095	−0.430
主动健康	ZD1	5.25	1.361	−0.722	0.284
	ZD2	5.34	1.259	−0.826	0.769
	ZD3	5.25	1.270	−0.780	0.655
	ZD4	5.12	1.324	−0.695	0.550
	ZD5	5.31	1.356	−0.973	0.954
	ZD6	5.37	1.321	−0.909	0.945

（续表）

维度	观察变量	M	SD	偏度	峰度
积极情感	JJ1	5.24	1.225	−0.726	0.919
	JJ2	5.17	1.300	−0.664	0.407
	JJ3	5.32	1.256	−0.776	0.861
	JJ4	5.75	1.197	−1.332	2.438
消极情感	XJ1	3.26	1.435	0.409	−0.330
	XJ2	3.32	1.515	0.326	−0.605
	XJ3	3.10	1.553	0.611	−0.298
	XJ4	3.30	1.636	0.388	−0.771
旅游支持行为	ZC1	5.26	1.250	−0.545	0.223
	ZC2	5.50	1.237	−0.754	0.427
	ZC3	5.87	1.065	−1.077	1.656
	ZC4	5.80	1.166	−1.029	1.129
	ZC5	5.70	1.173	−1.191	1.864

6.3.4.4 信度分析

为了检验数据的可靠性，运用 SPSS 24.0 数据分析软件，检验量表整体和各维度的克隆巴赫系数。一般认为，克隆巴赫系数大于 0.7，该问卷就具有较好的信度，系数值越接近于 1，信度越高。本研究量表整体信度结果如表 6-12 所示，数据的整体信度克隆巴赫系数为 0.844，大于 0.8，说明测量量表具有较好的可靠性和一致性。

表 6-12 量表整体信度系数

克隆巴赫系数	项数
0.844	36

在量表整体信度检验通过的基础上，继续对各维度的可靠性和内部一致性进行检验，检测结果如表 6-13 所示。各维度的克隆巴赫系数均在 0.8—1 之间，说明本问卷具有良好的可靠性和内部一致性。

表 6-13 各维度变量信度系数

维度	观察变量	删除项后的标度平均值	删除项后的标度方差	修正后的项与总计相关性	删除项后的克隆巴赫系数	克隆巴赫系数	项数
感知获益	HY1	16.78	8.081	0.7	0.772	0.833	4
	HY2	16.76	8.891	0.632	0.803		
	HY3	16.81	8.933	0.699	0.773		
	HY4	16.52	9.689	0.628	0.804		
感知成本	CB1	12.84	17.288	0.571	0.801	0.822	5
	CB2	13.33	16.672	0.695	0.763		
	CB3	13.8	17.45	0.615	0.787		
	CB4	14.03	18.212	0.605	0.79		
	CB5	13.88	17.615	0.595	0.793		
分配公平	FP1	14.6	9.935	0.757	0.871	0.896	4
	FP2	14.59	9.833	0.789	0.859		
	FP3	14.47	10.378	0.769	0.867		
	FP4	14.48	10.262	0.766	0.868		
程序公平	CX1	14.57	10.875	0.716	0.814	0.858	4
	CX2	14.31	11.365	0.746	0.802		
	CX3	13.98	12.234	0.648	0.841		
	CX4	14.41	11	0.705	0.818		
主动健康	ZD1	26.12	28.568	0.67	0.902	0.908	6
	ZD2	26.07	28.163	0.767	0.888		
	ZD3	26.17	27.715	0.787	0.885		
	ZD4	26.34	27.115	0.768	0.888		
	ZD5	26.13	27.057	0.76	0.889		
	ZD6	26.04	27.87	0.719	0.895		
积极情感	JJ1	16.26	10.183	0.766	0.869	0.897	4
	JJ2	16.3	9.491	0.818	0.85		
	JJ3	16.17	9.688	0.817	0.85		
	JJ4	15.77	10.59	0.688	0.897		
消极情感	XJ1	8.86	12.186	0.737	0.837	0.874	4
	XJ2	8.88	12.002	0.749	0.832		
	XJ3	9.05	11.614	0.75	0.831		
	XJ4	8.96	11.621	0.689	0.857		

（续表）

维度	观察变量	删除项后的标度平均值	删除项后的标度方差	修正后的项与总计相关性	删除项后的克隆巴赫系数	克隆巴赫系数	项数
	ZC1	22.67	16.259	0.681	0.896		
	ZC2	22.4	15.883	0.774	0.875		
支持行为	ZC3	22.08	16.363	0.787	0.873	0.901	5
	ZC4	22.17	15.679	0.779	0.874		
	ZC5	22.25	16.202	0.756	0.879		

6.3.4.5 效度分析

（1）探索性因子分析

探索性因子分析是通过降维处理的方式，将问卷的所有题项进行归类，检验各题项归属维度是否和问卷设计一致。KMO 检验和 Bartlett 球形检验是权威的检验问卷结构效度的分析方法。问卷效度检验结果如表 6-14 所示，问卷所含量表总体 KMO 值为 0.952，Bartlett 球形检验的显著水平 p 值为 0.000，达到显著性水平，说明量表结构效度良好，可以进行因子分析。

表 6-14 量表的 KMO 和 Bartlett 检验

分析方法		结果
KMO 取样适切性量数		0.952
Bartlett 球形检验	近似卡方	12 053.700
	自由度（df）	630
	显著性（sig）	0.000

采用主成分分析法，利用凯撒正态化最大方差法对因子矩阵正交旋转。选取初始特征值大于 1 的因子，根据公因子的提取标准，删除旋转后因子载荷系数小于 0.5 的题项，最终从 36 个测量指标中提取出了 8 个公因子，其累计贡献率为 71.390%，大于 70%，结果如表 6-15 所示。

表 6-15 旋转成分矩阵

维度	观察变量	因子 1	因子 2	因子 3	因子 4	因子 5	因子 6	因子 7	因子 8
	ZD3	0.785							
	ZD2	0.764							
主动健康	ZD5	0.724							
	ZD4	0.722							
	ZD1	0.709							
	ZD6	0.671							

（续表）

维度	观察变量	因子1	因子2	因子3	因子4	因子5	因子6	因子7	因子8
支持行为	ZC2		0.751						
	ZC3		0.691						
	ZC5		0.661						
	ZC4		0.625						
	ZC1		0.616						
分配公平	FP2			0.828					
	FP1			0.803					
	FP4			0.783					
	FP3			0.779					
感知成本	CB3				0.755				
	CB2				0.744				
	CB4				0.656				
	CB1				0.652				
	CB5				0.624				
消极情感	XJ4					0.743			
	XJ2					0.725			
	XJ3					0.707			
	XJ1					0.704			
感知获益	HY1						0.805		
	HY2						0.755		
	HY3						0.69		
	HY4						0.678		
积极情感	JJ3							0.744	
	JJ2							0.725	
	JJ1							0.681	
	JJ4							0.579	
程序公平	CX4								0.721
	CX1								0.718
	CX2								0.699
	CX3								0.531

注：a 旋转在 7 次迭代后已收敛。

（2）验证性因子分析

验证性因子分析包括结构效度、组合效度和区别效度检验。结构效度是检验结构方程模型的适配度，主要观察 CMIN/DF（卡方比自由度）、GFI（拟合优度指数）、AGFI（调整拟合优度指数）、RMSEA（近似误差均方根）等模型拟合指标是否达标。组合效度是检验同一维度内题项之间的相关程度，区别效度是检验不同维度间题目的区别程度。

①模型拟合指数

借助 AMOS 数据分析软件，构建了反映各维度关系的模型图，测算各维度之间的相关系数以及组合效度和区别效度，具体模型如图 6-4 所示。

从表 6-16 的结果中可以看到，在验证因子分析模型拟合指数表中，CMIN/DF 为 2.283，小于 3；GFI、AGFI、NFI 分别为 0.867、0.843、0.896，大于 0.8，小于 0.9，处于可接受范围；TLI 和 CFI 分别为 0.931 和 0.938，大于 0.9，说明模型拟合较好；RMSEA 为 0.051，小于 0.08，说明模型拟合度可以接受。基于以上结果可以得到如下结论：问卷设定的 8 个维度变量具有较好的信效度水平，模型有效可信，适合进行实证分析。

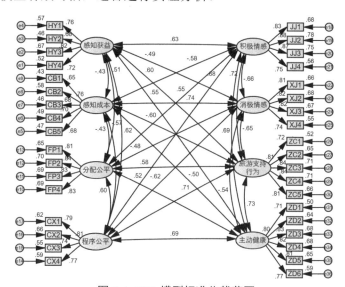

图 6-4 CFA 模型标准化载荷图

表 6-16 验证性分析拟合指数表

CMIN	DF	CMIN/DF	GFI	AGFI	NFI	TLI	CFI	RMSEA
1 292.356	566	2.283	0.867	0.843	0.896	0.931	0.938	0.051

②组合效度

标准化载荷（S. Estimate）、p 值、CR（组合信度）和 AVE（平均提取方差值）

是组合效度的重要参考指标。其参考值分别为：标准化载荷值高于 0.5，p 值低于 0.05，AVE 值高于 0.36，CR 值高于 0.6，都是可接受的。本研究组合效度结果如 6-17 所示，所有题项的标准化载荷均大于 0.5，p 值低于 0.05，具有显著性，AVE 值均高于 0.40，CR 值皆高于 0.7，各参考指标均符合标准，表明数据模型中各测量项与因子间相关关系较强，对维度的归属较强，即测量题项的组合效度较好。

表 6-17 验证性因子分析载荷

题项	维度	S.Estimate	S.E.	CR	p	CR	AVE
HY4	感知获益	0.721					
HY3	感知获益	0.822	0.074	16.503	***	0.834 097	0.558 1
HY2	感知获益	0.68	0.079	13.732	***		
HY1	感知获益	0.758	0.084	15.296	***		
CB5	感知成本	0.683					
CB4	感知成本	0.698	0.069	13.725	***		
CB3	感知成本	0.679	0.075	13.185	***	0.824 397	0.484 97
CB2	感知成本	0.764	0.081	13.866	***		
CB1	感知成本	0.653	0.083	12.256	***		
FP4	分配公平	0.832					
FP3	分配公平	0.830	0.045	21.782	***	0.896 653	0.684 5
FP2	分配公平	0.840	0.049	21.614	***		
FP1	分配公平	0.807	0.051	20.138	***		
CX4	程序公平	0.771					
CX3	程序公平	0.741	0.053	16.257	***	0.860 024	0.605 9
CX2	程序公平	0.811	0.053	18.145	***		
CX1	程序公平	0.789	0.056	18.274	***		
JJ1	积极情感	0.826					
JJ2	积极情感	0.883	0.047	24.171	***	0.899 914	0.693 0
JJ3	积极情感	0.868	0.047	23.301	***		
JJ4	积极情感	0.746	0.049	18.643	***		
XJ1	消极情感	0.814					
XJ2	消极情感	0.822	0.049	20.742	***	0.875 942	0.638 8
XJ3	消极情感	0.819	0.054	19.879	***		
XJ4	消极情感	0.739	0.058	17.578	***		

（续表）

题项	维度	S.Estimate	S.E.	CR	p	CR	AVE
ZC1	支持行为	0.724					
ZC2	支持行为	0.808	0.06	17.801	***		
ZC3	支持行为	0.842	0.056	18.331	***	0.902 861	0.650 9
ZC4	支持行为	0.843	0.062	18.329	***		
ZC5	支持行为	0.811	0.059	17.608	***		
ZD1	主动健康	0.707					
ZD2	主动健康	0.798	0.062	17.143	***		
ZD3	主动健康	0.827	0.064	17.536	***		
ZD4	主动健康	0.825	0.069	17.332	***	0.908 872	0.625 0
ZD5	主动健康	0.809	0.07	16.966	***		
ZD6	主动健康	0.771	0.068	16.204	***		

注：* 表示 $p < 0.1$，** 表示 $p < 0.05$，*** 表示 $p < 0.01$。

（3）区别效度

从表 6-18 相关结果可以看出，感知获益、分配公平、程序公平与积极情感呈显著正相关关系，感知获益、分配公平、程序公平与消极情感呈显著负相关关系。感知成本与积极情感呈显著负相关关系，与消极情感呈显著正相关关系。旅游支持行为与积极情感呈显著正相关关系，与消极情感呈显著负相关关系。感知获益、分配公平、程序公平与旅游支持行为呈显著正相关关系，感知成本与旅游支持行为呈显著负相关关系。

表 6-18 变量 AVE 值和变量间相关系数

维度	主动健康	支持行为	消极情感	积极情感	程序公平	分配公平	感知成本	感知获益
主动健康	0.791							
支持行为	0.726***	0.807						
消极情感	−0.539***	−0.648***	0.799					
积极情感	0.69***	0.718***	−0.661***	0.832				
程序公平	0.692***	0.706***	−0.619***	0.677***	0.778***			
分配公平	0.518***	0.576***	−0.481***	0.549***	0.598***	0.827		
感知成本	−0.5***	−0.605***	0.745***	−0.584***	−0.573***	−0.429***	0.696	
感知获益	0.554***	0.601***	−0.494***	0.633***	0.619***	0.514***	−0.435***	0.747

　　AVE 平方根值表示因子的聚合性，因子间相关系数则表示因子间的相关关系，如果全部因子的 AVE 平方根值皆大于因子间相关系数，则表明该量表具有良好的区分效度。如表 6-18 所示，变量的相关系数均小于对角线值，说明具备较好的区分效度。

6.3.4.6 研究假设检验

（1）模型拟合指数

　　借助 AMOS 数据分析软件，构建了反映各维度影响关系的模型图，测算各维度之间的影响关系系数和显著性水平，具体模型如图 6-5 所示。

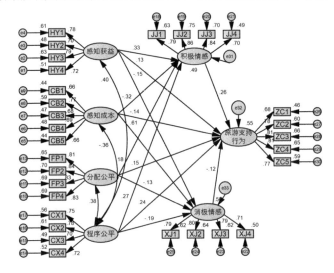

图 6-5 标准化假设检验模型图

　　在验证因子分析模型拟合指数表中（见表 6-19），CMIN/DF 为 2.885，小于 3；GFI、AGFI、NFI 分别为 0.865、0.838、0.886，大于 0.8，小于 0.9，处于可接受范围；TLI 和 CFI 分别为 0.913 和 0.922，RMSEA 为 0.061，小于 0.08，说明模型拟合度可以接受。

表 6-19 验证性分析拟合指数表

CMIN	DF	CMIN/DF	GFI	AGFI	NFI	TLI	CFI	RMSEA
1 119.461	388	2.885	0.865	0.838	0.886	0.913	0.922	0.061

（2）假设检验

　　本研究以 AMOS 软件来检验理论模型下各变量间的影响假设，结果如表

6-20所示，模型共有16条假设，其中15条假设经检验得到支持，1条假设未通过检验。

感知获益和感知成本对旅游支持行为的标准化路径系数分别为0.133和－0.142，均通过显著性水平检验。说明感知获益对旅游支持行为具有显著的正向影响，感知成本对旅游支持行具有显著的负向影响，H1a、H1b通过检验。此研究结果与预期研究假设一致，并且根据社会交换理论，感知获益和感知成本是有效预测居民旅游支持行为、旅游业可持续发展的重要因素。

表6-20 标准化路径系数表

维度	←	维度	S.Estimate	Estimate	S.E.	CR	p
积极情感	←	感知获益	0.332	0.369	0.063	5.874	***
积极情感	←	感知成本	−0.316	−0.3	0.052	-5.757	***
积极情感	←	分配公平	0.184	0.16	0.045	3.575	***
积极情感	←	程序公平	0.274	0.25	0.057	4.351	***
消极情感	←	感知获益	−0.148	−0.185	0.068	−2.728	0.006
消极情感	←	感知成本	0.608	0.648	0.069	9.419	***
消极情感	←	分配公平	−0.126	−0.123	0.05	−2.464	0.014
消极情感	←	程序公平	−0.185	−0.19	0.064	−2.967	0.003
支持行为	←	积极情感	0.265	0.245	0.056	4.403	***
支持行为	←	感知获益	0.133	0.137	0.058	2.37	0.018
支持行为	←	感知成本	−0.142	−0.125	0.062	−2.029	0.042
支持行为	←	分配公平	0.153	0.123	0.04	3.037	0.002
支持行为	←	程序公平	0.243	0.206	0.053	3.896	***
支持行为	←	消极情感	−0.124	−0.102	0.056	−1.825	0.068

注：*** 表示 $p < 0.01$。

分配公平和程序公平对旅游支持行为的标准化路径系数分别为0.153和0.243，均通过显著性水平检验。说明分配公平和程序公平对旅游支持行为具有显著的正向影响，H2a、H2b通过检验。此结果与假设结论一致，说明康养旅游地居民会根据旅游发展过程中获得成果的公平感、居民参与水平以及结果分配的过程、规则和实施的公平感知来判断自己的旅游支持行为。当居民分配公平和程序公平感知水平较高时，其更愿意支持当地康养旅游发展。

积极情感对旅游支持行为的标准化路径系数为0.265，$p < 0.001$，通过显著性水平检验。说明积极情感对旅游支持行为具有显著的正向影响，假设

H5a 成立。这表明康养旅游地居民积极情感会影响居民的旅游支持行为，并且与心理学相关研究结论相符，康养旅游地居民情感会影响他们的判断、决策和行为。

消极情感对旅游支持行为的标准化路径系数为 -0.124，$p > 0.05$，未通过显著性水平检验，假设 H5b 不成立。本文结合唐文跃等学者关于相对剥夺感（一种负面心理、情感）产生的行为效应对此研究结论进行解释：研究发现，相对剥夺感这种负面情感通常会使个体产生消极的态度和行为，但有时也会使个体产生积极行为，原因是居民在感知到消极情感后，会根据归因方式和自我效能感的不同产生不同的行为。此研究结论同样也适用于本研究，即使感知到消极情感，旅游目的地居民通过考虑自身的获益感知、参与能力、地方文化认同、康养旅游发展前景、积极应对因素的影响可能产生支持行为。再结合预调研与问卷过程中的访谈，部分居民对康养旅游发展了解不多，情感处于中立的状态，虽然存在一定的消极情感，有一定的排斥感和被剥夺感，包括参与程度低、处于边缘化的地位等，但大部分居民仍表示在可接收范围内，愿意支持当地康养旅游的发展。穷其原因，与康养旅游尚在发展初期、居民对于新兴产业的观望态度以及包容度有关。

感知获益、感知成本、分配公平和程序公平对积极情感的标准化路径系数分别为 0.322、-0.316、0.184 和 0.274，均通过显著性水平检验。说明感知获益、分配公平和程序公平对积极情感具有显著正向影响，感知成本对积极情感具有显著负向影响，假设 H3a、H3c、H4a、H4c 成立。感知获益、感知成本、分配公平和程序公平对消极情感的标准化路径系数分别为 -0.148、0.608、-0.126 和 -0.185，均通过显著性水平检验。说明感知获益、分配公平和程序公平对消极情感具有显著负向影响，感知成本对消极情感具有显著正向影响，假设 H3b、H3d、H4b、H4d 成立。此研究结论符合认知－情感－行为理论的逻辑内容，个体对事物的认知会影响其情感。周曦和何学欢也分别证实了居民获益感知、感知成本和感知公平对于情感的影响。居民基于康养发展各因素的感知产生旅游影响感知和公平感知，并且基于以上认知产生相应的积极和消极情感。

（3）中介效应检验

由表6-21中介效应检验结果可知，感知获益、感知成本、分配公平和程序公平对旅游支持行为的总效应均显著。由表6-20标准化路径系数可知直接效应分别为0.133、−0.142、0.153和0.243。积极情感对旅游支持行为呈显著正向影响（bate=0.265，$p<0.001$），消极情感对旅游支持行为影响不显著（bate=−0.124，$p>0.05$）。因此，消极情感的中介路径不通，即消极情感在认知各维度与旅游支持行为之间不具有中介作用。因此，本研究只测算积极情感在认知各维度与旅游支持行为之间的中介作用。

本研究以 Amos 软件的 Bootstrap 法检验积极情感的中介作用，样本重复抽样 2 000 次，计算 95% 的置信区间。首先观察 Bias-corrected 和 Percentile 两种检验方法的间接效应区间，若区间不包含 0，则中介效应存在；反之，则不存在。在间接效应存在基础上，如果直接效应不包含 0，也就是直接效应存在，则说明存在部分中介作用；反之，直接效应不存在，起到完全中介作用。中介效应检验结果如表 6-21 所示。

表 6-21 中介效应检验结果

假设路径	效应	Bias-corrected 95% CI		Percentile 95% CI	
		极小值	极大值	极小值	极大值
感知获益—积极情感—旅游支持行为	总效应	0.110	0.406	0.110	0.405
	直接效应	0.000	0.306	−0.006	0.302
	间接效应	0.050	0.201	0.045	0.197
感知成本—积极情感—旅游支持行为	总效应	−0.371	−0.165	−0.365	−0.159
	直接效应	−0.274	−0.013	−0.272	−0.016
	间接效应	−0.261	−0.043	−0.255	−0.040
分配公平—积极情感—旅游支持行为	总效应	0.085	0.268	0.078	0.268
	直接效应	0.038	0.219	0.035	0.218
	间接效应	0.019	0.100	0.019	0.099
程序公平—积极情感—旅游支持行为	总效应	0.170	0.422	0.170	0.421
	直接效应	0.100	0.329	0.100	0.330
	间接效应	0.031	0.166	0.026	0.156

根据表6-21，感知获益对旅游支持行为的间接效应的置信区间为[0.050, 0.321]和[0.045, 0.197]，均不含0，间接效应显著；直接效应的置信区间为[0.000, 0.306]和[−0.006, 0.302]，均包含0，直接效应不显著。说明积极情感在感知获益对旅游支持行为的影响关系中具有完全中介作用。

感知成本对旅游支持行为的间接效应的置信区间为[−0.261, −0.043]和[−0.255, −0.040]，均不含0，间接效应显著；感知成本对旅游支持行为直接效应置信区间为[−0.274, −0.013]和[−0.272, −0.016]，均不含0，直接效应显著。说明积极情感在感知成本对旅游支持行为的影响关系中具有部分中介作用。

分配公平对旅游支持行为的间接效应的置信区间为 [0.019, 0.100] 和 [0.019, 0.099]，均不含 0，间接效应显著；分配公平对旅游支持行为直接效应置信区间为 [0.038, 0.219] 和 [0.035, 0.218]，均不含 0，直接效应显著。说明积极情感在分配公平对旅游支持行为的影响关系中具有部分中介作用。

程序公平对旅游支持行为的间接效应的置信区间为 [0.031, 0.166] 和 [0.026, 0.156]，均不含 0，间接效应显著；程序公平对旅游支持行为直接效应置信区间为 [0.100, 0.329] 和 [0.100, 0.330]，均不含 0，直接效应显著。说明积极情感在程序公平对旅游支持行为的影响关系中具有部分中介作用。

以上研究结果符合认知－情感－行为理论的内在逻辑，情感在认知和行为之间起到中介作用。居民积极情感是居民旅游认知与支持行为的传导机制，积极情感在认知和旅游支持行为之间具有中介作用。居民通过对康养旅游外部刺激形成认知评价，形成获益感知、成本感知以及公平感知。获益感知和公平感知越高，成本感知越低，此时居民的情感体验越积极，表明居民的需求得到了更好的满足，积极情感强烈，从而居民更倾向于产生支持行为。同时，积极情感具有扩展功能，可启发居民思考参与旅游发展的可能性，使居民认为参与康养旅游发展是有益的，最终使居民趋向于支持当地康养旅游发展。

（4）调节效应检验

本研究通过 SPSS 24.0 软件以分层回归方法来检验主动健康对居民认知预测行为的调节效应，并用主动健康与居民认知各维度的交互项系数显著性检验调节作用。

①主动健康在感知获益和旅游支持行为中的调节作用

采用分层回归分析方法进行调节效应检验，在第一层加入人口学信息等控制变量、第二层加入自变量感知获益和调节变量主动健康的情况下，感知获益对旅游支持行为关系显著，$R^2 = 0.508$。在第三层模型中加入自变量和调节变量的交互项 int_1，$R^2 = 0.509$，$\Delta R^2 = 0.001$ 说明交互项的增量贡献极弱。从系数结果看，交互项对因变量的预测 beta $= -0.002$，$p = 0.566$ 说明模型预测失败，主动健康不是感知获益预测旅游支持行为的调节变量，结果如表 6-22 所示。

主动健康不是感知获益和旅游支持行为关系的调节变量的原因是，在康养旅游发展过程中，居民获益感知并不会因为个体主动健康水平的差异产生变化。结合问卷过程中的访谈交流得知，大多数居民在康养旅游发展过程中处于边缘位置，参与意识不强、参与程度较低，居民整体感知获益水平大体相同。因此，即使居民的主动健康水平不同，但感知获益水平大体相同，感知获益与支持行为关系没有明显变化，因此不具有调节作用。

表 6-22 主动健康对感知获益与旅游支持行为两变量关系的调节效应分析结果

	模型 1	模型 2	模型 3
性别	0.032	0.057	0.057
年龄	0.089	0.072	0.072
学历	0.204***	0.075	0.074
职业	−0.029	−0.025	−0.025
月收入	0.084	0.04	0.044
是否从事旅游行业	−0.05	−0.079*	−0.079*
一年康养旅游次数	0.07	0.018	0.018
感知获益		0.262***	0.258***
主动健康		0.523***	0.52***
int_1			−0.02
R^2	0.059	0.508	0.509
调整后 R^2	0.046	0.499	0.499
F	4.426***	56.295***	50.629***

注：* 表示 $p < 0.1$，*** 表示 $p < 0.01$。

②主动健康在感知成本和旅游支持行为中的调节作用

采用分层回归分析方法进行调节效应检验，在第一层加入人口学信息等控制变量、第二层加入自变量感知成本和调节变量主动健康的情况下，感知成本对旅游支持行为关系显著，$R^2 = 0.517$。在第三层模型中加入自变量和调节变量的交互项 int_2，$R^2 = 0.541$，$\Delta R^2 = 0.024$ 说明交互项的增量贡献存在。从系数结果看，交互项对因变量的预测 beta $= 0.157$，$p = 0.000$ 说明模型预测成功，主动健康是感知成本预测旅游支持行为的调节变量，结果如表 6-23

所示。

由表 6-23 可知，交互项 int_2 回归系数显著为正，感知成本与旅游支持行为显著为负，表明调节变量（主动健康）削弱了感知成本对旅游支持行为的负向影响。主动健康对感知成本与旅游支持行为间关系具有显著的抑制作用。即居民主动健康水平越高，居民感知成本对旅游支持行为的负向作用越小。居民的主动健康水平越高，其接触的康养知识、康养活动越丰富，从而引导居民直接或间接参与康养旅游发展以及相关活动，可以提升居民对康养旅游的熟悉程度，对风险和不确定性的感知越低，从而对康养旅游的包容性越强，更有利于价值关联实现。通过主动健康影响，降低居民的成本感知，最终促进康养旅游支持行为的形成。假设 H7 成立。

表 6-23 主动健康对感知成本与旅游支持行为两变量关系的调节效应分析结果

	模型 1	模型 2	模型 3
性别	0.032	0.054	0.056
年龄	0.089	0.052	0.05
学历	0.204***	0.081	0.077
职业	−0.029	−0.03	−0.027
月收入	0.084	0.012	0.038
是否从事旅游行业	−0.05	−0.042	−0.026
一年康养旅游次数	0.07	0.028	0.026
感知成本		−0.277***	−0.28***
主动健康		0.528***	0.498***
int_2			0.157***
R^2	0.059	0.517	0.541
调整后 R^2	0.046	0.509	0.531
F	4.426***	58.372***	57.537***

注：*** 表示 $p < 0.01$。

③主动健康在分配公平和旅游支持行为中的调节作用

采用分层回归分析方法进行调节效应检验，在第一层加入人口学信息等控制变量、第二层加入自变量分配公平和调节变量主动健康的情况下，分配公平对旅游支持行为关系显著，$R^2 = 0.522$。在第三层模型中加入自变量和调节变量的交互项 int_3，$R^2 = 0.531$，$\Delta R^2 = 0.009$ 说明交互项的增量贡献存在。从系数结果看，交互项对因变量的预测 beta $= −0.101$，$p = 0.003$ 说明模型预测成功，主动健康是分配公平预测旅游支持行为的调节变量，结果如表 6-24。

由表 6-24 可知，交互项 int_3 回归系数显著为负，表明调节变量（主动健康）削弱了分配公平对旅游支持行为的正向影响关系。主动健康对分配公平与旅游支持行为间关系具有显著的抑制作用，即居民主动健康理念越强，居民分配公平对旅游支持行为的正向促进作用越弱。但主动健康对旅游支持行为呈显著正向影响，综合来看在提升旅游支持行为过程中，主动健康与分配公平间存在此消彼长的关系，即替代关系。

表 6-24 主动健康对分配公平与旅游支持行为两变量关系的调节效应分析结果

	模型 1	模型 2	模型 3
性别	0.032	0.05	0.045
年龄	0.089	0.087*	0.083*
学历	0.204***	0.093*	0.095*
职业	−0.029	−0.04	−0.035
月收入	0.084	0.066	0.073*
是否从事旅游行业	−0.05	−0.044	−0.046
一年康养旅游次数	0.07	-0.031	−0.021
分配公平		0.292***	0.297***
主动健康		0.511***	0.472***
int_3			−0.101**
R^2	0.059	0.522	0.531
调整后 R^2	0.046	0.513	0.521
F	4.426***	59.514***	55.381***

注：* 表示 $p < 0.1$，** 表示 $p < 0.05$，*** 表示 $p < 0.01$。

④主动健康在程序公平和旅游支持行为中的调节作用

采用分层回归分析方法进行调节效应检验，在第一层加入人口学信息等控制变量、第二层加入自变量程序公平和调节变量主动健康的情况下，程序公平对旅游支持行为关系显著，$R^2 = 0.536$。在第三层模型中加入自变量和调节变量的交互项 int_4，$R^2 = 0.544$，$\Delta R^2 = 0.008$ 说明交互项的增量贡献存在，从系数结果看，交互项对因变量的预测 $bet = −0.095, p = 0.004$ 说明模型预测成功，主动健康是程序公平预测旅游支持行为的调节变量，结果如表 6-25 所示。

由表 6-25 可知，交互项 int_4 回归系数显著为负，表明调节变量（主动健康）削弱了程序公平对旅游支持行为的正向影响关系。主动健康在程序公平与旅游支持行为间关系具有显著的抑制作用，即居民主动健康水平越强，居民程序公平对旅游支持行为的正向促进作用越弱。但主动健康对旅游支持行为呈显著正向影响，综合来看在提升旅游支持行为过程中，主动健康与程序公平间存在此消彼长的关系，也是替代关系。假设 H7 成立。

表 6-25 主动健康对程序公平与旅游支持行为两变量关系的调节效应分析结果

	模型 1	模型 2	模型 3
性别	0.032	0.069*	0.068*
年龄	0.089	0.072*	0.073
学历	0.204***	0.091*	0.09*
职业	−0.029	−0.037	−0.036
月收入	0.084	−0.013	0.008
从事旅游	−0.05	−0.078*	−0.071*
康旅次数	0.07	0.007	0.007
感知获益		0.363***	0.372***
主动健康		0.431***	0.396***
int_4			-0.095**
R^2	0.059	0.536	0.544
调整后 R^2	0.046	0.528	0.535
F	4.426***	62.908***	58.318***

注：* 表示 $p < 0.1$，** 表示 $p < 0.05$，*** 表示 $p < 0.01$。

根据③和④的研究结果，主动健康在分配公平和程序公平与旅游支持行为关系中存在替代的调节作用，这种替代关系是一种特殊的调节作用。随着健康中国建设的推进，居民的主动健康水平不断提升。在主动健康的驱动下，居民积极养生、康体，参加健康养生活动，从而直接或间接参与康养旅游活动。丰富居民对康养旅游发展的认知，使其产生自豪感与满足感，可以提升居民的旅游支持行为，从而使居民对于公平感知等外部刺激的感受变得较为薄弱。因此，在居民主动健康水平较高的情况下，主动健康代替居民公平感知对旅游支持行为的正向影响时，居民公平感知对旅游支持行为的正向影响就被削弱了，两变量之间具有此消彼长的替代作用。但当居民主动健康水平较低，与高主动健康水平居民相比较而言康养旅游参与程度较低，居民更多的是被动地接受外部刺激，产生旅游支持行为。因此，在主动健康水平较低时，对于公平等外部刺激对旅游支持行为的感知就更为明显。

（5）假设检验结果分析与讨论

根据假设检验结果，进一步分析康养旅游地居民旅游支持行为影响机制。居民旅游影响感知对旅游支持行为具有显著的影响关系，感知获益正向影响居民旅游支持行为，感知成本负向影响居民旅游支持行为。在康旅游发展过程中，居民会敏锐地感知康养旅游发展带来的影响，包括经济利益和就业机会等积极影响，以及物价上涨、环境污染等消极影响，并且基于旅游影响感知判断未来的支持态度及行为。因此，在康养旅游发展过程中，应提升居民的参与积极性，促进居民充分参与康养旅游发展，增强其获益感知。另外，在康养旅游开发过程中，应进行前期调研与评估，了解居民诉求，降低成本感知，这有助于促进居民做出支持行为。

居民感知公平对旅游支持行为具有显著的正向影响，具体体现为分配公平和程序公平对旅游支持行为均具有显著的正向影响。可以说，康养旅游目的地居民在旅游发展中感知公平水平越高，居民越会认为社区重视他们对旅游发展作出的贡献，越会感知到社区重视个人的价值观，越能感受到来自社区的支持和关怀，从而产生更强烈的支持行为。因此，在康养旅游发展过程中，要充分尊重居民在旅游发展中的公平权益，改变居民在康养旅游发展中无权和弱权的处境，搭建居民发表意见的平台，及时将康养旅游发展的相关信息传递给居民，让居民积极参与政策制定、旅游规划、旅游经营等方面，以利于居民获得价值感和自豪感，从而支持康养旅游发展。

实证研究表明，积极情感在居民认知维度和旅游支持行为之间具有中介作用。在康养旅游发展过程中，居民越受到正向反馈，其积极情感越丰富，越愿意支持当地康养旅游发展。因此，在康养旅游发展过程中应注重提升居民的积极情感，增强居民的获益和公平等感知，促使居民对康养旅游保持积极情感态度。虽然本研究显示消极情感对旅游支持行为的影响关系并不显著，即不具备中介作用，但从数据上看，显著性 p 值（$p=0.068$）非常接近 0.05。这反映了一个潜在的问题，长此以往，消极情感的积累超过居民的包容程度，就会对居民的支持行为产生显著影响。因此，康养旅游发展过程中，要了解居民诉求和情感的变化，适时调整发展策略。

研究发现，主动健康在居民认知和旅游支持行为之间具有显著的调节作用，说明康养旅游地可持续发展与居民的主动健康水平有密切关系。因此，康养旅游发展过程中应注重康养旅游目的地健康氛围的建设，提升居民的主动健康水平，促使居民产生正向的旅游影响感知，从而推动当地康养旅游的可持续发展。

第7章 康养旅游吸引力提升策略

根据对康养旅游生态环境、康养旅游气候环境、康养旅游产业环境、康养旅游发展环境、康养旅游经济基础、康养旅游医疗支撑、康养旅游社会保障、康养旅游城市建设、康养旅游文化符号、康养旅游艺术符号、康养旅游健康符号、康养旅游休闲符号12个作用因子以及政府、企业、居民等利益相关者的分析，可以看出康养旅游吸引力受到多个方面因素和多个利益主体的综合影响。基于定性和定量分析结果，本书提出康养旅游吸引力优化策略，以期为提升康养旅游吸引力、促进区域康养旅游协调可持续发展提供决策参考。

7.1 优化康养旅游环境要素

改善旅游环境，加快旅游设施建设是提升康养旅游吸引力的有效手段。在对区域康养旅游吸引力的综合分析中发现，康养旅游生态环境、康养旅游气候环境、康养旅游产业环境、康养旅游发展环境等方面的物质环境对康养旅游吸引力都具有显著作用，而康养旅游环境要素水平的提升需要通过各利益相关者的共同支持行为来实现。因此，结合政府、旅游企业、居民等利益相关者的多维角度切实提升康养旅游物质环境水平是实现康养旅游高质量发展、康养旅游吸引力提升的重要手段。

7.1.1 改善生态环境质量

在区域康养旅游统筹发展的过程中，先要注重生态环境的改善和提升，坚持绿水青山就是金山银山的理念。以长江经济带为例，经济社会快速发展、城镇化进程不断推进，以及大量外来人口的聚集，导致长江经济带沿线各省市的生态压力变大，水污染严重、空气质量下降等环境问题凸显，因此在发展康养旅游的过程中，要树立保护生态环境的基本意识，将改善生态环境作为发展康养旅游的基石，着力提升和改善区域环境资源。在生态环境保护方面，需要各利益相关者合力维护、打造良好的康养旅游环境。

（1）强化政府职能，增强环境效应评估

长期以来，旅游开发一直强调在开发中保护、在保护中开发。由于康养旅游的特殊性，其对良好的自然环境和健康文化环境具有显著的依赖性。因此，政府作为区域旅游发展的领导和管理部门，在制定康养旅游发展规划和方针政策时，应践行科学的发展理念，积极开展预防措施，重视环境效应评估，了解地区环境资源储量及其承载容量，协调好康养旅游资源开发与生态环境保护及当地居民生活需求之间的关系。各省市之间应打破合作壁垒，构建生态共同体，合力对生态环境进行保护和治理，协同制定区域环境保护策略以及相关的规章制度。在实际开发与保护中，政府也需要通过加大监管力度、积极开展旅游生态环境保护的宣传及教育与培训、明确企业权责、提升当地居民和旅游者的环境保护意识等措施来实现旅游与环境的和谐共生。在发展康养旅游的同时，始终坚持可持续发展的原则，积极探索绿色发展的模式，实现康养旅游发展与生态环境的和谐统一。

（2）旅游企业明确环境责任，建立环境保护机制

康养旅游相关企业是旅游目的地生态环境保护的重要主体之一，对生态环境保护具有不可推卸的责任。旅游企业在追求经济效益的同时，也应重视对发展中环境成本的评估，建立、健全环境保护机制，积极履行环境责任。首先，企业要明确自身责任，将环境保护纳入企业战略制定范围，开发前注重规划，开发后注重保护。企业管理层方面，引导员工积极遵守企业内部生态环境保护制度，积极践行环境责任行为，共同推进康养旅游企业环境责任

行为的履行。其次，企业在经营过程中，应遵守可持续发展理念。针对康养旅游发展过程中产生的垃圾、污染物、资源浪费、环境破坏等问题，坚持绿色经营原则。创新科技应用，建设绿色建筑、绿色交通、绿色基础设施、智能化管理系统等，有效监控能源使用，通过推动旅游业的转型升级促进康养旅游的绿色发展。最后，强化企业信息披露质量，接受社会各界监督。

（3）提升居民环保意识，践行环境责任行为

居民是康养旅游地可持续发展的核心利益主体，对旅游地生态环境影响深远持久。居民的环境责任行为意义重大，直接关乎生态环境保护的效果以及经济社会的可持续发展。研究表明，环境知识、环境关心程度、环境利益感知、环境价值观、环保意识等因素对居民的环境保护行为有着深刻的影响。因此，加强居民主动环保行为和环保意识的引导、宣传、培训工作十分重要。政府作为引导当地居民环境责任行为的主要"管理者"，首先应从顶层作好规划与设计，做好引导、宣传、教育工作。通过媒体途径扩大引导和宣传范围，提高居民对康养旅游目的地环境保护工作的重视程度，增强其环保意识。落实开展环境保护活动，号召居民积极参加，提升其环境利益感知。研究表明，面子和声誉是激励居民开展环境责任行为的重要因素。因此，在践行环境保护行为中，让居民有所得是增强其环保意识、责任感的重要因素。因此，地方政府应扩大居民环保行为的榜样宣传，或给予其一定的物质奖励，激励越来越多的居民参与其中。居民在参与的过程中会逐渐认识到自身的环境保护责任和环境保护对康养旅游发展的重要性。

7.1.2 多渠道发展康养旅游

根据长江经济带康养旅游吸引力的研究可知，康养旅游产业环境和康养旅游发展环境在康养旅游环境吸引力的提升中具有积极的促进作用，因此要积极发展康养旅游，推进康养旅游产业环境的不断完善。优化产业结构，改善康养服务的薄弱环节，充分发挥旅游目的地独特优势，设计丰富的康养旅游产品并加以创新。政府和旅游企业作为康养旅游产业发展及环境打造的重要主体，应充分发挥自身优势，多渠道发展康养旅游。政府层面，应加强招商引资和政策引导，与市场合力打造康养旅游产业。旅游企业方面，应加强

融合与创新发展，营造良好的康养旅游产业发展环境。居民方面，应促进社区增权及居民参与。

（1）加强政府和市场合力作用

有效市场和有为政府是康养旅游产业发展的重要载体。在产业形式上，政府应加强政策引导与资金支持，鼓励吸引社会资本进入，促进业态融合，创新康养市场。例如：将康养旅游产业与体育、医疗、中医药等行业融合，强化康养旅游内核，满足康养旅游群体多样化需求，提升康养旅游吸引力，构建区域共同体；区域内各省市之间充分发挥协同作用，提升康养旅游的产业发展，健全区域健康产业发展，推进康养旅游的宣传，吸引更多的康养旅游者前来访问；同时注重旅游产业的发展，健全旅游服务监督机制，提升地方旅游服务质量，为康养旅游的发展提供有效保障。

（2）康养旅游企业融合、创新发展

由于康养旅游的特殊属性，产业融合发展是康养旅游提质升级的重要途径。因此，康养旅游开发者与管理者应认识到，需要开发提供集健康、养生、康体、休闲等功能于一体的康养旅游产品，实现多产业融合发展。在康养旅游产品开发方面，旅游企业应根据当地的康养资源禀赋，动态、创新开发，以康养市场需求为导向，开发基础康养产品以及品牌旅游产品。产业融合方面，探索本企业康养旅游发展的优势和劣势，寻找互补企业进行产业融合发展，或者强强联合，构建多元共享的利益共同体，促进康养旅游产品提质升级。技术的融合方面，探索其他产业优秀技术与康养旅游产业技术的融合，为打造创新产品提供技术支持。

（3）落实社区增权，促进居民参与

居民作为康养旅游发展的重要利益主体，对于构建高质量旅游地、提高旅游服务质量、改善旅游体验等具有重要作用。因此，康养旅游发展要重视本地居民的参与力量，一方面鼓励本地居民参与，提升其获益感知，促进居民支持行为；另一方面，充分发挥当地本土居民的优势，进行开发经营、康养氛围打造，多渠道发展康养旅游。在居民参与方面，首先，政府要制订有效的培训计划，组织参观学习和讲座培训等，提升居民参与康养旅游发展所应具备的基础知识、服务能力、经营能力等技能。培训结束后进行考核，对表现优异的居民给予参与经营的政策扶持、康养旅游体验优惠、礼品奖金等形式的奖励，提升居民参与的积极性，保证居民参与技能有实质性的提高。其次，转变目的地居民传统思想观念，激发居民参与康养旅游发展的热情和信心，使社区居民认识到社区参与对康养旅游发展以及社区发展的积极意义，明确自身责任，扮演主人翁角色，与其他利益相关者共谋发展，从而形成"人人参与康养旅游，旅游利益人人共享"的良好氛围。

7.1.3 积极发展健康医疗产业

康养旅游是旅游者通过旅游这种休闲放松的方式来追求身心健康的旅游活动，因此健康产业的发展对康养旅游吸引力有着重要的影响。以长江经济带为例，作为在资源禀赋、经济发展、产业结构等多方面拥有显著优势的区域，大力发展健康产业是进一步提升康养旅游吸引力的有效手段。政府方面，应深化体制改革，促进利益相关者协调发展。企业方面，应实现产业集聚，深度融合。居民方面，应普及健康生活方式，提升居民健康素养。

（1）深化体制改革，促进利益相关者协同发展

在健康医疗产业发展过程中，政府主导、部门协同、全社会参与的工作机制是健康产业发展的重要保障。政府方面，要瞄准生命经济和服务经济，构建全生命周期健康产业体系，满足不同生命周期阶段消费群体的需求。积极发展区域内养老、育幼、保养、美容、医疗等领域，努力将健康产业做成优势产业，同时注重提升区域医疗健康服务水平。政府要与市场有效衔接，充分支持康养旅游产业发展环境。在市场调节机制失灵时，政府要精准、有效地解决存在的问题。资金方面，激发市场活力，引导资本介入，在税收、采购方面给予明确鼓励，引导良性发展。产业集聚方面，构建完备的产业链条，准确把握现阶段的旅游者健康需求，积极引入前沿医疗技术和医疗器械，提升医疗水平，构建集健身运动、疾病治疗、术后康复、健康产品开发等于一体的健康服务产业集群。建立合理的人才引进、保护、激励政策，为进一步提升医疗产业水平提供优质人才。

（2）把握市场需求，实现健康医疗产业集聚

首先，需要准确把握市场对养老、健康、养生、休闲、旅游等方面的真

实诉求，推动企业进行战略创新，打造新型健康医疗产品，积极引导推动健康、医疗、康养特色产业集群的构建，推进产业链深度融合。其次，促进健康与养老、旅游、互联网、健身休闲、食品等产业融合发展，发展新型健康产业。发展"互联网＋健康医疗"服务。充分利用大数据、云计算和人工智能等新技术，为需求者提供医疗、保健、咨询等智能服务，鼓励经营主体提供差异化、定制化的健康管理服务包。

（3）普及健康生活方式，提升居民健康素养

居民方面，普及和推行健康生活方式，开展全民健身运动，积极倡导"每个人是自己健康第一责任人"的理念。提升居民对健康的重视程度，促进居民直接或间接参与健康医疗旅游产业发展，为康养旅游产业发展提供潜在消费群体以及居民支持力量。居民应积极增强自身健康意识，了解基本的健康知识和医疗常识，积极参加健康教育、实践活动，阅读健康科普书籍或关注权威的健康媒体，增强对健康问题的认识和预防。居民也可以积极关注和支持医疗科技创新，为医疗产业提供宝贵的市场反馈和优化建议。在普及健康生活方面，深入开展健康知识宣传讲座，提升居民健康素养。居民也应积极响应号召，参与健康宣传和培训活动。

7.2 改善康养旅游目的地社会环境

加快康养旅游产业环境发展的重要工具就是国家政策的支持和调控手段。在影响长江经济带康养旅游吸引力的因素中，康养旅游社会吸引力的提升离不开政府的政策支持，改善社会基础、加大社会保障力度、促进旅游发展等都与政府的支持密不可分。政府对社会经济和相关保障的支持，有助于康养旅游的高质量发展，从而提升区域康养旅游吸引力。

7.2.1 促进区域康养旅游协同发展

康养旅游吸引力具有明显的区域差异，以长江经济带为例，其东部地区的上海、江苏、浙江的康养旅游吸引力处于竞争的优势地位，中部地区的江西、安徽、湖南、湖北等的康养旅游吸引力次之，而西部地区的康养旅游吸

引力最弱。同时，各个省市的吸引力优势也不尽相同。因此，提升康养旅游吸引力要发挥政府的管理职能，加强区域之间的相互合作，发挥各省市的优势资源，多省市联合开发旅游路线，合理调度区域的优势资源，实现区域康养旅游资源的相互联动。各区域在资源开发、品牌传播、产品开发等方面应资源共享，走向互助互利、协同发展的道路，促进区域康养旅游吸引力的全面提升。旅游企业要加强项目合作驱动，深度挖掘旅游要素价值，实现产业融合，为区域康养旅游协同发展提供不竭动力。

（1）发挥政府管理职能，加强区域合作

要想推进区域康养旅游协同发展，开展康养旅游资源价值评估是基础。各地方政府要全面评估自身的康养旅游资源价值，比较不同区域旅游资源的同质性和异质性，具备资源求同存异的协同基础。例如在京津冀旅游协调发展过程中，天津与河北在海洋康养旅游资源开发上开展有效合作，北京与天津在医疗保健、大健康产业发展方面有共同资源平台。在宏观层面，政府需开展交流合作、制度建设和顶层设计，促进区域间在空间布局、路线设施、资源开发、治理机制、支撑体系等方面协同发展，将景区、旅游产品、交通服务等资源进行整合，实现各旅游要素在区域内联合互动。

（2）优化产品供给，产业集聚发展

在供给侧市场主体合作方面，区域旅游企业要持续优化康养旅游产品供给，协同开发康养旅游新产品，深度挖掘旅游要素价值。同时，可借鉴其他区域发展优点，结合自身发展情况，引进先进的管理理念和技术手段，共建康养文化圈、康养旅游带、协同发展示范区和区域 IP 品牌项目等。促进康养旅游项目群、集聚区的形成，开发企业联合体和大型集团。在需求侧方面，共享客源群体康养旅游需求，丰富产品形态，共建康养旅游新业态，不断延伸康养旅游产业链，使产品满足多样化消费需求。在人才培养方面，可通过校企合作和高端人才引进方式组建工作团队。同时，不同区域间康养旅游企业工作人员应开展交流学习，相互借鉴工作经验，提升工作人员专业素质，为康养旅游协同发展提供有力的人才支持。

7.2.2 提升康养旅游经济发展水平

经济基础决定上层建筑，康养旅游发展离不开旅游目的地经济的高质量发展，通过切实可行的经济政策，能够改善康养旅游目的地的发展基础。从长江经济带康养旅游社会吸引力的发展指数来看，上海、江苏、浙江等地的康养旅游社会吸引力相对较强，而安徽、重庆、贵州等地的社会吸引力相对较弱。对于社会吸引力较弱的地区，虽然各省市的康养旅游社会吸引力都在持续提升，但是还存在着较为明显的空间差异。可以加快经济发展，带动康养旅游产业环境吸引力的提升，以此改善康养旅游目的地的经济社会基础和物质环境。另外，可以通过颁布促进省市经济发展的经济政策，缩小地区康养旅游吸引力差距，为区域康养旅游高质量发展提供良好的经济基础。提升地方经济发展水平需要政府和企业共同努力，政府可以通过制定全面发展战略、加大资金投入、加强人才培养、推动区域间合作等方式来促进区域的经济发展，为康养旅游发展提供坚实的经济基础保障。旅游企业需要积极履行社会责任，树立良好的社会形象，加强技术创新，参与区域合作交流，促进区域经济发展。

（1）强化政府引导，促进协调发展

在促进区域经济发展水平方面，政府应制定全面、科学的发展规划，明确战略定位、空间布局和重点任务，完善交通、通信等基础设施，加大投资力度，提升可进入性，为康养旅游发展提供坚实的物质和经济基础保障。政府应推动区域间的合作与协调发展，打破交流壁垒，促进政策、资金、技术等方面的交流和合作，促进资源要素的自由流动和优化配置。科技创新方面，政府需加大投入力度，支持康养企业研发和技术创新，培育高新技术产业，推动产学研深度融合，拓展经济发展渠道，提升发展效率。此外，在提升区域经济发展水平过程中，人才引进和培养也至关重要，需积极培养、引进专业技术人才，为区域经济发展提供智力支持。

（2）履行企业社会责任，积极创新发展

在促进区域经济发展水平方面，企业应积极履行社会责任，树立良好的社会形象，增强社会信任度，吸引更多企业和旅游者进入，为区域经济发展创造更加良好的市场和社会环境。企业可以根据自身的经营状况和战略规划，在区域内加大投资力度，引进和研发新技术，提升生产效率和产品附加值，增强市场竞争力，增加就业机会，进而带动区域经济的增长。同时，重视人才的引进与培养，通过与高校合作，联合培养专业人才，为推动企业创新能力的提升提供智力支持。企业还应促进区域内企业交流合作、协同发展，通过企业间的合作与交流，开拓市场、互利共赢。

7.2.3 完善康养旅游基础建设

城市建设是社会发展的重要组成部分，也是发展康养旅游的基本要求。在康养旅游吸引力的作用因子中，城市建设水平作为影响康养旅游吸引力的一般因子，其影响作用处于上升趋势。这说明康养旅游的发展越来越依赖于旅游目的地基础设施的建设水平，只有拥有完善的设施建设，才能够最大限度地承载康养旅游的高速发展。政府方面应充分发挥自身职能作用，通过政策及财政资金的支持完善康养旅游设施建设，同时引导社会力量参与其中。企业方面，发挥自身资金、管理、技术优势及进行资源整合，建设完善相关设施设备。居民应充分发挥主人翁作用，参与基础设施建设。

（1）政府发挥职能作用，引导社会力量参与

在基础设施建设方面，政府首先要明确康养旅游基础设施建设的目标和规划，在此基础上进行资金投入、政策扶持、引导社会积极参与投资等。首先，完善康养旅游目的地基础设施建设，加快数字化进程，依托大数据、云计算、5G网络等新兴技术，构建数字化城市，打造数字服务平台，帮助区域构建智慧旅游模式，提升服务品质和服务效率。其次，交通是康养旅游发展的重要保障，要重视公路、铁路、航空以及城市内部公交、地铁、轻轨等交通建设规划，实现各交通方式之间的互联互通，构建高效、便捷、人性化的交通网。重视旺季承载力问题，政府应统筹旅游发展与旅游者和居民生活的基础设施需求，适度超前地进行基础设施的优化升级，使相关服务设施具有弹性，满足旺季时居民以及旅游者的需求。社会组织也是参与康养旅游基础设施建设的主力军，通过政府和企业搭建桥梁，为基础设施建设提供资金、指导意见等。通过政策落实和荣誉奖励等多种方式，可以让社会力量积极参

与目的地基础设施建设。

（2）旅游企业助力康养旅游基础设施建设

旅游企业与其他利益相关者相比，在助力康养旅游基础设施建设方面，本身就具有多方面的优势，能够利用其资金、管理、技术优势进行合理规划，整合康养旅游资源，能够针对康养旅游进行整体的规划和布局，吸引更多旅游者前来旅游。例如，北京古北水镇由旅游特点企业进行开发，不仅加强了基础设施建设，还实现了土地和资源的有效整合，将古北水镇打造成为一个度假、休闲、观光、会议等多种功能复合的特色小镇。还有一些企业承担相应的社会责任，通过公益性基础设施建设来援助康养旅游发展。

（3）居民充分发挥主人翁作用，参与基础设施建设

居民要充分发挥主人翁的作用，向当地政府或旅游管理部门提出旅游基础设施建设的意见和建议，以提升旅游基础设施的实用性和适应性。在康养旅游基础设施建设过程中，居民应积极配合政府和企业的规划和开发工作，提供必要的土地和资源支持。居民也可以积极参与旅游基础设施的投资与建设，包括投资修建旅游道路、停车场、游客中心等基础设施，或者参与康养旅游项目的开发与建设，不仅可以分享康养旅游业发展的红利，还能够促进当地经济的增长。居民可以通过各种方式宣传和推广当地的康养旅游资源和旅游基础设施。例如，可以在社交媒体上分享在当地的旅游经历和体验，宣传当地的设施服务水平和康养旅游活动，从而吸引更多旅游者开展康养旅游活动。

7.3 完善康养旅游价值体系构建

实现文旅融合是现阶段旅游发展的基础，文化和旅游是相互依存、相互促进的发展关系。同样的，康养旅游的发展也与文化艺术产业的发展密不可分。根据对康养旅游吸引力的作用因子分析，文化、艺术和社会休闲水平也是影响康养旅游发展的主要因素，这也从侧面反映出康养旅游更加关注心理健康和精神层面的追求。因此，推进文旅融合，构建独特的旅游符号环境，对于提升康养旅游吸引力有重要意义。

7.3.1 发展康养文化艺术产业

康养旅游者在旅行过程中不仅追求身体的健康，而且更加关注精神的健康。文化和艺术产业的发展能够在一定程度上加强康养旅活动目的地的精神疗愈效果，在文旅融合发展的背景之下，文化和艺术的发展能够为旅游者带来精神层面的享受和健康体验。发展文化艺术产业应该积极打造文化艺术集群，加强区域之间的优势互补，依托各类城市群构建独特的文化产业园区。各个省市应积极发挥自身的独特优势，在文化艺术方面实现领域细分。同时发挥文化产业发展较好的省市的溢出效应，带动周边地区文化产业的发展。培养一批具有独特优势的文化龙头企业，注意通过电视广播、动漫动画设计、游戏漫展等方式培育养生文化、健康医疗文化等多方面的文化，对相关的企业进行帮扶和资源倾斜。政府可以通过多种策略促进文艺产业发展，坚持政策引领，以高占位谋篇布局。康养旅游企业应积极承担社会责任，给予文化艺术产业资金帮扶，促进文化产业交流合作。

（1）政策引领，以高占位谋篇布局

2021 年印发的《"十四五"文化产业发展规划》《长江文化保护传承弘扬规划》等规划文件，为以长江经济带为代表的地区文化产业发展提供了政策指导，明确了产业发展目标、重点任务和保障措施，推进了文化产业创新发展，优化了产业结构和文化产业空间。政府可以出台相关政策措施，如经济补贴、税收优惠等，给予文化艺术产业政策支持，吸引更多的企业和资本进入此领域。对于具有市场前景的文化艺术项目，政府可以提供专项资金支持，为文化艺术产业发展提供资金保障，降低其运营风险。另外，政府可以为文化产业繁荣发展提供坚强保障，如简化文化产业的市场准入流程、加强对文化市场的监管、优化市场环境、防止不正当竞争等。

（2）促进企业开展投资与合作交流

在投资与扶持方面，企业可充分发挥资金优势，践行企业社会责任，通过设立专项资金，扶持具有潜力的文化艺术人才和项目。合作交流方面，旅游企业可以根据自身文化发展需求，与文化艺术机构、高校和研究机构等建立合作关系，共同开展文化艺术项目的研究和开发，丰富文化艺术的应用场景，扩大文化艺术产业的影响力，促进企业的提质升级，实现双方互利共赢。企业在发展过程中可适当引进国外优秀的文化艺术作品和理念，为本土文化产业发展提供新思路，促进国际文化交流。另外，企业可以结合自身特点，打造具有独特魅力的文化艺术品牌，提升品牌影响力和市场竞争力，从而提升康养旅游的吸引力。

7.3.2 提高旅游目的地居民幸福感

根据对康养旅游吸引力作用因子的分析，人居环境、社会保障以及区域健康等与旅游目的地居民幸福感具有密切联系的因子对康养旅游吸引力的提升具有重要的影响作用。因此旅游目的地在发展康养旅游的同时，要充分考虑当地居民的生活状况和幸福感，通过改善区域内各省市的人居环境，加大相关的社会保障，减小失业率，为低收入家庭提供必需的保障，提高区域居民的幸福度。

（1）提升经济活力，促进居民参与

增加康养旅游目的地居民幸福度，地方政府要积极提升经济活力，解决地区就业问题，为城乡居民增加就业机会和营收，缩小地区之间的经济差距。加大城乡基础公共服务投入，缩小城乡之间的资源差距，提高乡村教育以及医疗服务水平，建立健全城乡社会保障制度。同时，提升居民参与能力和参与意识，实现康养旅游发展惠及于民。让居民能够进入康养旅游开发的各个环节，包括景区项目体验、政策决策的制定、旅游规划、就业、培训等方面，提升居民对康养旅游的认知程度，使其能够以重要利益相关者身份参与到旅游发展中，提高其参与感、效能感和幸福感。

（2）发挥企业社会责任，推广共享经济模式

旅游企业发挥自身的社会责任，积极吸纳当地居民参与康养旅游服务和管理工作，为他们提供工作机会，帮助居民提升收入。同时，可以推广共享经济模式，政府和企业引导和鼓励当地居民将闲置的房屋、土地等资源转化为康养旅游接待设施，如民宿、农家乐等，进一步促进居民参与康养旅游经营活动。组织相关培训，提升居民在康养旅游服务工作、经营工作以及发表个人意见等方面的能力，使当地居民更好地适应康养旅游行业的发展需求。

加强社区参与沟通，了解居民的需求和意见，及时调整康养旅游开发策略，增强居民的参与感和归属感，提升他们的生活质量。通过改善基础设施，提升居民的生活水平，进一步增强居民的支持行为。

7.3.3 推动娱乐休闲产业发展

区域符号发展除了幸福感、健康感知等抽象概念外，当地居民的生活方式和生活状态也是影响康养旅游吸引力的重要因子。居民的娱乐休闲生活也对幸福感有着重要的影响，因此娱乐休闲产业的发展对提高康养旅游吸引力也同样重要。根据对康养旅游吸引力的因子分析，区域休闲也是重要影响因素，因此需要发展高质量的娱乐休闲产业，从食、住、行、游、购、娱入手，全方位提升康养旅游吸引力的符号环境。积极打造城市夜经济，构建独具特色的夜间经济消费聚集区域，带动居民进行夜生活和夜消费。同时发展地区娱乐休闲产业，积极引进如游乐场、美食街、文化广场、音乐节、livehouse 等休闲产业，带动周边城市消费，推动休闲娱乐产业发展，营造城市慢节奏康养生活。

（1）强化政策引导，营造良好营商环境

政策方面，政府部门应研究构建休闲政策体系，可以进行假期制度改革，保障旅游者有充足时间进行休闲娱乐。完善休闲娱乐公共基础设施，保障休闲娱乐活动的体验质量。在产业发展方面，政府可以制定针对娱乐休闲产业的税收减免、财政补贴等优惠政策，并且通过设立专项资金、引入社会资本应用于娱乐休闲产业等方式支持项目建设和运营。维护产业发展环境方面，建立健全娱乐休闲产业的法律法规体系，明确产业发展规范，加强执法力度，打击非法经营等不良行为。营商环境方面，加强政府与企业、行业协会等的沟通协作，引导文娱企业加强国际交流，共同推动娱乐休闲产业的高质量发展。

（2）旅游企业充分发挥优势，提升服务质量

旅游企业是推动娱乐休闲产业发展的重要力量，旅游企业应充分发挥自身优势，通过丰富产品供给、提升服务质量、加强市场营销、促进产业融合以及推动创新发展等方式，推动娱乐休闲产业的发展，为游客提供更加优质、丰富的娱乐休闲体验，提升康养感知。丰富康养旅游产品供给方面，旅游企业可基于当地资源禀赋深入挖掘娱乐休闲资源，开发多样化、特色化的康养

旅游休闲产品。服务质量提升方面，旅游企业应重视提升员工的职业素养和服务水平，确保游客在旅行过程中享受到高品质的服务。同时，关注游客的反馈意见，不断改进服务质量，提升游客满意度。加强市场营销，充分利用线上线下营销渠道，提升娱乐休闲产品的知名度和影响力。促进产业融合，积极与文化、体育等相关产业融合发展，开发综合性娱乐休闲产品，为游客提供更加丰富多彩的休闲、康养、娱乐体验。

7.4 加强行为规范和健康氛围建设

研究表明，居民与旅游者的文明程度、行为规范会对康养旅游地可持续发展产生影响，同时也会影响居民的旅游支持行为。因此，对旅游者和居民等主体进行行为规范，是提升康养旅游目的地旅游吸引力和促进旅游地可持续发展的重要方面。同时，由于康养旅游的特殊性，良好的健康养生氛围对提升旅游者和居民的价值感知、促进康养旅游可持续发展具有重要作用。政府和旅游企业在加强居民和旅游者行为规范和健康氛围建设过程中也发挥着重要作用。

7.4.1 加强居民与旅游者自身行为规范

旅游者在旅游期间，希望摆脱日常工作、生活的压力和束缚，在异地体验旅游活动，放松身心。在这个过程中，旅游者可能会因行为约束松弛出现不文明行为，如破坏景区环境、与当地从业人员或居民产生冲突等，进而危害旅游目的地健康发展或引起旅游地居民负面消极的情绪，这不仅会降低旅游者自身的旅游体验质量，也会影响目的地居民的旅游支持行为，对旅游业可持续发展构成潜在的威胁。在规范居民和旅游者行为过程中，需要政府和企业合力，加强旅游文明行为的宣传教育，利用媒体、网络平台等渠道，广泛传播旅游行为规范，提高居民和旅游者的文明意识，营造良好的康养旅游人文环境，提升游客满意度和居民对旅游的支持度。

加强旅游者行为规范方面，建立健全规范旅游者行为的法律法规，明确旅游者的权利和义务。同时，加强执法力度，对违反规定的旅游者进行处罚，形成有效的制约机制。康养旅游景区内应设立明确的文明标识牌，引导、提示旅游者遵守景区规定和文明旅游行为。加强景区内的巡逻和监管，及时纠正旅游者的不文明行为。可计划建立旅游者信用网络体系，对不文明行为达到一定程度的旅游者给予惩罚，对文明旅游的旅游者给予适当的奖励和优惠。旅游者应自觉约束自身行为，增强道德和责任意识，遵守公共秩序，维护旅游目的地居民生活空间的良好环境，以此来实现主客间友好交流，营造良好的旅游人文环境，以达到愉悦身心、疗愈康体、优化旅游体验的效果。

加强居民行为规范方面，政府应制定明确的旅游目的地居民行为规范，包括环境保护、公共秩序、接待服务等方面。建立激励机制，对在康养旅游服务中表现突出的居民给予表彰和奖励，激励他们自觉遵守行为规范，为康养旅游业的发展作出贡献。积极宣传和推广遵守行为规范的典型居民和事迹，树立榜样，引导其他居民向他们学习，形成良好的社会风尚。另外，作为当地居民，也要增强主人翁意识，文明、有道德地打造居民与游客的和谐氛围，做到热情好客、不欺客宰客，保护当地的康养旅游"名片"形象。良好的人际关系、旅游氛围，是康养旅游地可持续发展的重要条件。另外，提升居民的包容程度也是康养旅游可持续发展的重要方面。

7.4.2 提升社区健康氛围和居民主动健康意识

康养旅游作为对人们身心健康产生积极影响的专项旅游活动，居民和旅游者的主动健康意识是康养旅游发展的重要条件。根据调研结果，主动健康在康养旅游认知维度与支持行为维度之间具有调节与替代作用。在健康中国战略背景下，人民生活水平不断提升，居民的健康意识逐渐增强。因此，在康养旅游发展过程中，政府和旅游企业要重视对居民的主动健康理念的构建，营造良好的康养氛围，并且通过康养旅游服务与活动的干预，将康养旅游成果惠及于民，提升居民的主动健康意识、行为与能力。一方面，可以促进居民身体健康，降低医疗压力；另一方面，也为康养旅游发展打造良好的社区、人际氛围。具体措施如下。

首先，加强健康教育与宣传，普及健康生活方式。利用社区广播、微信公众号、新媒体平台等渠道，传播健康资讯，增强居民的健康意识。其次，完善社区康健基础设施，打造宜居、宜养的生活空间，开展健康促进活动，组织康养主题的文化交流学习，如康养讲座、马拉松比赛、广场舞、健步走等活动，提高居民参与健康活动的积极性。再次，促进跨部门合作与资源整合。加强政府、医疗机构、社区组织等之间的合作，共同推进社区健康工作；整合各类资源，如医疗资源、志愿者资源等，为社区健康工作提供有力支持。最后，引导居民树立健康的生活理念，培养其健康的生活习惯，为居民提供健康咨询服务，帮助居民解决健康问题，提高其自我健康管理能力。

参 考 文 献

[1] Abubakar M A，Mustafa I. Impact of online WOM on destination trust and intention to travel：A medical tourism perspective[J]. Journal of Destination Marketing & Management，2016，5（3）：192-201.

[2] Adam I. Backpackers' risk perceptions and risk reduction strategies in Ghana[J]. Tourism Management，2015，49（4）：99-108.

[3] Adams J S. Inequity in social exchange[J]. Advances in Experimental Social Psychology，1965，2（4）：267-299.

[4] Anne M H. Affect theory and the attractivity of destinations[J]. Annals of Tourism Research，2015，55：77-89.

[5] Antonelli M，Barbieri G，Donelli D. Effects of forest bathing（shinrinyoku）on levels of cortisol as a stress biomarker: a systematic review and metaanalysis.[J]. International journal of biometeorology，2019，63（8）：1117-1134.

[6] Ap J. Residents' perceptions on tourism impacts[J].Annals of Tourism Research，1992，19（4）：665-690.

[7] Barros A，Pickering C，Gudes O. Desktop analysis of potential impacts of visitor use：A case study for the highest park in the Southern Hemisphere[J]. Journal of Environmental Management，2015，150（5）：179-195.

[8] Baxter M J. The interpretation of the distance and attractiveness components in models of recreational trips[J]. Geographical Analysis，1979，11（3）：311-315.

[9] Bell S L, Foley R, Houghton F, et al. From therapeutic landscapes to healthy spaces, places and practices: A scoping review[J]. Social science & medicine, 2017, 196: 123-130.

[10] Blancas F J, Lozano-Oyola M, Gonzalez M, et al. How to use sustainabilityindicators for tourism planning: The case of rural tourism in Andalusia (Spain) [J].Science of the Total Environment, 2011, 412: 28-45.

[11] Bohm G, Pfister H R. Tourism in the face of environmental risks: sunbathing under the ozone hole, and strolling through polluted air[J]. Scandinavian Journal of Hospitality and Tourism, 2011, 11 (3): 250-267.

[12] Butler R W. The concept of a tourist area cycle of evolution: Implications for management of resources[J].Canadian Geographer, 1980, 24 (1): 5-12.

[13] Byrd E T. Stakeholders in sustainable tourism development and their roles: Applying stake-holder theory to sustainable tourism development [J]. Tourism Review, 2007, 62 (2): 6-13.

[14] Cattell V, Dines N, Gesler W, et al. Mingling, observing, and lingering: everyday public spaces and their implications for wellbeing and social relations.[J]. Health & place, 2008, 14 (3): 544-561.

[15] Chen J, Wang W, Jensen O, et al. Perceived impacts of tourism in the Arctic[J]. Journal of Tourism and Cultural Change, 2021, 19 (4): 494-508.

[16] Cheng-Yu Hsu, et al. Residents' attitudes toward support for island sustainable tourism[J]. Sustainability, 2019, 11 (18): 5051-5066.

[17] Cheung M F Y, Law M C C. Relationships of organizational justice and organizational identification: The mediating effects of perceived organizational support in Hong Kong[J]. Asia Pacific Business Review, 2008, 14 (2): 213-231.

[18] Chin C H, Thian S Z, Lo M C. Community's experiential knowledge on thedevelopment of rural tourism competitive advantage: a study on Kampung Semadang–Borneo Heights, Sarawak[J]. Tourism Review, 2017, 72 (2): 238-260.

[19] Cox C, Wray M. Best practice marketing for regional tourism destinations[J]. Journal of Travel & Tourism Marketing, 2011, 28 (5): 524-540.

[20] David C. Landscape, care and the relational self: Therapeutic encounters in rural England[J]. Health and Place, 2005, 11 (4): 337-348.

[21] Dryglas D, Salamaga M. Segmentation by push motives in health tourism destinations: a case study of Polish Spa Resorts[J]. Journal of Destination Marketing & Management, 2018, 9 (3): 234-246.

[22] Dunn L H. High-level wellness for man and society[J]. American Journal of Public Health, 1959, 49 (6): 786-792.

[23] Ernest B, Norimasa T, Sergii B, et al. The effect of winter forest bathing on psychological relaxation of young Polish adults[J]. Urban Forestry & Urban Greening, 2018, 29: 276-283.

[24] Eusébio C, Vieira A L, Lima S. Place attachment, host–tourist interactions, and residents' attitudes towards tourism development: the case of Boa Vista Island in Cape Verde[J]. Journal of Sustainable Tourism, 2018, 26 (6): 890-909.

[25] Finlay J M. "Walk like a penguin": Older Minnesotans' experiences of (non) therapeutic white space[J]. Social Science & Medicine, 2017, 198: 77-84.

[26] Fredline E, Faulkner B. Host community reactions: A cluster analysis[J]. Annals of Tourism Research, 2000, 27 (3): 763-784.

[27] Gesler W, Bell M, Curtis S, et al. Therapy by design: evaluating the UK hospital building program[J]. 2004, 10 (2): 117-128.

[28] Gesler W M. Therapeutic landscapes: medical issues in light of the new cultural geography[J]. Social science & medicine 1992, 34 (7): 735-746.

[29] Gibb M, Nel E. Small town redevelopment: The benefits and costs of local economic development in Alicedale [J].Urban Forum, 2007, 18 (2): 69-84.

[30] Goodarzi M, Haghtalab N, Shamshiry E. Wellness tourism in Sareyn, Iran: Resources, planning and development[J]. Current Issues in Tourism, 2016, 19 (11): 1071-1076.

[31] Goodrich J N，Goodrich G E. Health-care tourism-an exploratory study[J]. Tourism Management，1987，8（3）：217-222.

[32] Graham M S. Tourist motivation：An appraisal[J]. Journal of Travel Research，1982，21（2）：187-217.

[33] Gretel Q M，Kayhan T. Tourism in Switzerland：How perceptions of place attributes for short and long holiday can influence destination choice[J]. Journal of Hospitality and Tourism Management，2016，26：18-26.

[34] Guthman J，Mansfield B. The implications of environmental epigenetics：A new direction for geographic inquiry on health，space，and naturesociety relations[J]. Progress in Human Geography，2013，37（4）：486-504.

[35] Han H，Hyun S S. Customer retention in the medical tourism industry：impact of quality，satisfaction，trust，and price reasonableness[J]. Tourism Management，2015，46（1）：20-29.

[36] Han H，Kiatkawsin K，Jung H，et al. The role of wellness spa tourism performance in building destination loyalty：the case of Thailand[J]. Journal of Travel & Tourism Marketing，2018，35（5）：595-610.

[37] Hao F，Xiao H. Residential tourism and eudaimonic wellbeing：A "valueadding" analysis[J]. Annals of Tourism Research，2021，87：103150.

[38] Henderson-Wilson C，Sia K L，Veitch J，et al. Perceived health benefits and willingness to pay for parks by park users：quantitative and qualitative research[J]. International Journal of Environmental Research and Public Health，2017，14（5）：1-18.

[39] Hsu C H C，Cai L A P，Wong K K F. A model of senior tourism motivations - anecdotes from Beijing and Shanghai[J]. Tourism Management，2007，28（5）：1262-1273.

[40] Hunter Jones P，Sudbury Riley L，Alabdin A. Understanding the relationship between terminal illness and tourism：An exploratory study[J]. Tourism Management，2022，88（4）：104397.

[41] Hutchinson J，Lai F，Wang Y. Understanding the relationship of quality，

value，equity，satisfaction，and behavioral intentions among golf travelers[J]. Tourism Management，2009, 30（2）：298-308.

[42] Ideno Y，Hayashi K，Abe Y，et al. Blood pressure lowering effect of Shinrinyoku（Forest bathing）：a systematic review and meta-analysis[J]. BMC complementary and alternative medicine，2017，17（1）：409.

[43] Jang S C，Wu C M E. Seniors' travel motivation and the influential factors：an examination of Taiwanese seniors[J]. Tourism Management，2006，27（2）：306-316.

[44] Jens K，Steen J，Nina M，et al. Hotspot crowding and over tourism：Antecedents of destination attractiveness[J]. Annals of Tourism Research，2019，76：53-66.

[45] Jessica F，Thea F，Heather M，et al. Therapeutic landscapes and wellbeing in later life：Impacts of blue and green spaces for older adults[J]. Health and Place，2015，34：97-106.

[46] Jiang L. New urbanization and rural tourism development under the rural revitalization strategy environment[J]. Journal of Environmental and Public Health，2022，10（2）：74-77.

[47] Juhyoung L，Jisook P，Sunnam C. Environmental influence in the forested area toward human health：incorporating the ecological environment into art psychotherapy[J]. Journal of Mountain Science，2020，17（1）：992-1000.

[48] Jurowski C，Gursoy D. Distance effects on residents' attitudes toward tourism[J]. Annals of Tourism Research，2004，31（2）：296-312.

[49] Kamal R，Juergen G，Damien M. Hedonic and eudaimonic wellbeing：a psycholinguistic view[J]. Tourism Management，2018，69：155-166.

[50] Kathleen W. Therapeutic landscapes：the dynamic between place and wellness[J]. Health and Place，2001，7（4）：346-348.

[51] Khotphat T. The influence of seasonality on the sustainability of livelihoods of households in rural tourism destinations[J]. Sustainability，2022，3（6）：14-15.

[52] Kim E，Chiang L L，Tang L. Investigating wellness tourists' motivation，engagement，and loyalty：in search of the missing link[J]. Journal of Travel & Tourism Marketing，2017，34（7）：867-879.

[53] Kim K，Uysal M，Sirgy M J. How does tourism in a community impact the quality of life of community residents?[J].Tourism Management，2013，36：527-540.

[54] Kim T，Kim W G，Kim H B. The effects of perceived justice on recovery satisfaction，trust，word-of-mouth，and revisit intentionin upscale hotels[J]. Tourism Management，2009，30（1）：51-62.

[55] Kotera Y，Richardson M. Effects of ShinrinYoku（forest bathing）and nature therapy on mental health：a systematic review and metaanalysis. [J]. International Journal of Mental Health and Addiction，2020，20（1）：1-25.

[56] Kuvan Y，Akan P. Conflict and agreement in stakeholder attitudes：residents' and hotel managers' views of tourism impacts and forest-related tourism development[J]. Journal of Sustainable Tourism，2012，20（4）：571-584.

[57] Lawson R W，Williams J，Young T，et al. A comparison of residents' attitudes towards tourism in 10 New Zealand destinations[J]. Tourism Management，1998，19（3）：247-256.

[58] Lee T H. Influence analysis of community resident support for sustainable tourism development [J]. Tourism Management，2013，34（2）：37-46.

[59] Lestari R，Yusuf A，Hargono R，et al. The impact of social capital，demographic factors，and coping strategies on community adaptation in supporting people with severe mental illness[J]. Journal of Public Health Research，2020，9（2）：18-38.

[60] Li Y，Wen T. Impact of cognition and social trust on forest based health tourism intention during COVID19[J]. Sustainability，2022，15（1）：714-714.

[61] Lila S. Barriers to business relations between medical tourism facilitators and medical professionals[J]. Tourism Management，2017，59：254-266.

[62] Lim Y，Kim H，Lee T. Visitor motivational factors and level of satisfaction

in wellness tourism : Comparison between first-time visitors and repeat visitors[J]. Asia Pacific Journal of Tourism Research，2016，21（2）：137-156.

[63] Liu J C，Var T .Resident attitudes toward tourism impacts in Hawaii[J].Annals of Tourism Research，1986，13（2）：193-214.

[64] Long X M，Ling M D，et al. Cooperation or confrontation? Exploring stakeholder relationships in rural tourism land expropriation[J].Journal of Sustainable Tourism，2020，28（11）：1841-1859.

[65] Maksim G，Jorge R. Health outcomes of tourism development : A longitudinal study of the impact of tourism arrivals on residents' health[J]. Journal of Destination Marketing & Management，2020，17：1-7.

[66] Maria F C，Peter N. The attractiveness and competitiveness of tourist destinations : A study of Southern Italian regions[J]. Tourism Management，2009，30（3）：336-344.

[67] Mark S R，Margareta F，Germán C R，et al. Therapeutic services capes : Restorative and relational resources in service settings[J]. Journal of Retailing and Consumer Services，2020，55（C）：10278.

[68] Melanie K S. Seeing a new side to seasides : culturally regenerating the English Seaside Town[J]. International Journal of Tourism Research，2010，6（1）：17-28.

[69] Mitas O，Yarnal C，Chick G. Jokes build community : mature tourist's positive emotions[J]. Annals of Tourism Research，2012，39（4）：884-905.

[70] Momeni K，Janati A，Imani A，et al. Barriers to the development of medical tourism in East Azerbaijan province，Iran : A qualitative study[J]. Tourism Management，2017，69：307-316.

[71] Mossabir R，Milligan C，Froggatt K. Therapeutic landscape experiences of everyday geographies within the wider community : A scoping review[J]. Social Science & Medicine，2021，279：113980.

[72] Mueller H，Kaufmann E L. Wellness tourism : Market analysis of special

wellness tourism segment and implications for the hotel industry[J]. Journal of Vacation Marketing，2001，7（1）：5-17.

[73] Nadiri H，Tanova C.An investigation of the role of justice in turnover intentions，job satisfaction，and organizational citizenship behavior in hospitality industry[J].International Journal of Hospitality Management，2010，29（1）：33-41.

[74] Nino K，Mamo Y，Mengesha G，et al. GIS Based ecotourism potential assessment in munessa shashemene concession forest and its surrounding area，Ethiopia[J]. Applied Geography，2017，82（5）：48-58.

[75] Nunkoo R，Gursoy D. Residents' support for tourism：An identity perspective[J]. Annals of Tourism Research，2012，39（1）：243-268.

[76] Nunkoo R，Ramkissoon H. Power，trust，social exchange and community support[J]. Annals of Tourism Research，2012（2）：997-1023.

[77] Nyanjom J，Boxall K，Slaven J. Towards inclusive tourism? Stakeholder collaboration in the development of accessible tourism[J].Tourism Geographies，2018，20（4）：675-697.

[78] Ohe Y，Ikei H，Song C R，et al. Evaluating the relaxation effects of emerging forest-therapy tourism：a multidisciplinary approach[J]. Tourism Management，2017，62（5）：322-334.

[79] Ohtsuka Y，Yabunaka N，Takayama S. Shinrinyoku（forestair bathing and walking）effectively decreases blood glucose levels in diabetic patients[J]. International Journal of Biometeorology，1998，41（3）：125-127.

[80] Palmer A，Koenig-Lewis N，Jones M L E. The effects of residents' social identity and involvement on their advocacy of incoming tourism[J].Tourism Management，2013，38：142-151.

[81] Panyik E，Costa C，Ratz T. Implementing integrated rural tourism：An event-based approach[J]. Tourism Management，2011，32（6）：1352-1363.

[82] Pham M T. Emotion and rationality：a critical review and interpretation of empirical evidence[J]. Review of General Psychology，2007，11（2）：155.

[83] Pike S，Pontes N，Kotsi F. Stopover destination attractiveness：A quasiexperimental approach[J]. Journal of Destination Marketing & Management，2021，19：100514.

[84] Plianbangchang S. To be in good health[J]. Journal of Health Research，2018，32（3）：182-184.

[85] Prayag G，Dookhony-Ramphul K，Maryeven M. Hotel development and tourism impacts in Mauritius：Hoteliers' perspectives on sustainable tourism[J].Development Southern Africa，2010，27（5）：697-712.

[86] Puddifoot J E. Some initial considerations in the measurementof community identity[J].Journal of Community Psychology，1996，24（4）：327-336.

[87] Rasoolimanesh S M，Ringle C M，Jaafar M，et al. Urban vs. rural destinations：Residents' perceptions，community participation and support for tourism development[J]. Tourism Management，2017，60（3）：147-158.

[88] Ribeiro M A，Pinto P，Silva J A，et al. Residents' attitudes and the adoption of pro-tourism behaviours：the case of developing island countries[J]. Tourism Management，2017，61：523-537.

[89] Seoho U，Kaye C，Young H R. Antecedents of revisit intention [J]. Annals of Tourism Research，2006，6（3）：1141-1158.

[90] She S X，Tian Y Z，Lu L，et al. An exploration of hiking risk perception：Dimensions and antecedent factors[J]. International Journal of Environmental Research and Public Health，2019，16（11）：1-14.

[91] Shokri M R，Mohammadi M. Effects of recreational SCUBA diving on coral reefs with an emphasis on tourism suitability index and carrying capacity of reefs in Kish Island，the Northern Persian Gulf[J]. Regional Studies in Marine Science，2021，45（3）：117-130.

[92] Sigala M. Tourism and COVID-19：Impacts and implications for advancing and resetting industry and research[J]. Journal of Business Research，2020，117：312-321.

[93] Simone F，Wendy O. Rethinking women's experiences of depression and

recovery as emplacement：Spatiality，care and gender relations in rural Australia[J]. Journal of Rural Studies，2018，58：12-19

[94] Simons-Morton B. Health behavior in ecological context[J]. Health Education and Behavior，2013，40（1）：6-10.

[95] Soenen G，Melkonian T.Fairness and commitment to change in M&As：The mediating role of organizational identification[J].European Management Journal，2016，35（4）：486-492.

[96] Su L J，Hsu M K. Service fairness，consumption emotions，satisfaction，and behavioral intentions：The experience of Chinese heritage tourists[J]. Journal of Travel & Tourism Marketing，2013，30（8）：786-805.

[97] Su L，Wang L，Law R，et al. Influences of destination social responsibility on the relationship quality with residents and destination economic performance[J]. Journal of Travel & Tourism Marketing，2017，34（4）：488-502.

[98] Tasci A D A，Knutson B J. An argument for providing authenticity and familiarity in tourism destinations[J]. Journal of Hospitality & Leisure Marketing，2004，11（1）：85-109.

[99] Thomas-Francois K，Massow M，Joppe M. Service oriented，sustainable，local food value chain A case study[J]. Annals of Tourism Research，2017，65（4）：83-96.

[100] Tsunetsugu Y，Park B，Miyazaki Y. Trends in research related to "Shinrinyoku"（taking in the forest atmosphere or forest bathing）in Japan[J]. Environmental Health and Preventive Medicine，2010，15（1）：27-37.

[101] Ullah N，Zada S，Siddique M A，et al. Driving factors of the health and wellness tourism industry：A sharing economy perspective evidence from KPK Pakistan[J]. Sustainability，2021，13（23）：1-16.

[102] Ulrike Gretzel. Searching for the future：Challenges faced by destination marketing organizations[J]. Journal of Travel Research，2006，45（2）：

116-126.

[103] Vigolo V. Investigating the attractiveness of an emerging long-haul destination：Implications for loyalty[J]. International Journal of Tourism Research，2015，17（6）：564-576.

[104] Völker S，Kistemann T. Reprint of："I'm always entirely happy when I'm here!" Urban blue enhancing human health and wellbeing in Cologne and Düsseldorf，Germany [J]. Social Science & Medicine，2013，91：141-152.

[105] Wang D G，Niu Y，Qian J. Evolution and optimization of China's urban tourism spatial structure：A high speed rail perspective [J]. Tourism Management，2018，64：218-232.

[106] Wang S，Berbekova A，Uysal M. Pursuing justice and quality of life：Supporting tourism[J].Tourism Management，2022，89（2）：104446.

[107] Wang T，Wu P，Ge Q，et al. Ticket prices and revenue levels of tourist attractions in China：Spatial differentiation between prefectural units[J]. Tourism Management，2021，83：104214.

[108] Wei C N，Harada K，Ueda K，et al. Assessment of health-promoting lifestyle profile in Japanese university students[J]. Environmental Health and Preventive Medicine，2012，17（8）：222-227.

[109] Yang B，Qin Q Z，Han L L，et al. Spa therapy（balneotherapy）relieves mental stress，sleep disorder，and general health problems in sub-healthy people[J]. International Journal of Biometeorology，2018，62（2）：261-272.

[110] Yoon A，Chung N，Koo C. The relationship among destination attractiveness，value，and revisit intention perceived by Muslim tourists：The moderating effect of usefulness of online tourism information[J]. International Journal of Tourism and Hospitality Research，2017，31（7）：67-82.

[111] Yoon A，Chung N，Koo C. The relationship among destination

attractiveness，value，and revisit intention perceived by Muslim tourists：The moderating effect of usefulness of online tourism information[J]. International Journal of Tourism and Hospitality Research，2017，31（7）：67-82.

[112] Yun H J，Kang D J，Kim D K，et al. A GIS-assisted assessment and attribute-based clustering of forest wetland utility in South Korea[J]. Sustainability，2019，11（17）：4632.

[113] Zeraib S，Kouba Y，Berghout B. The influence of tourism development strategies on the attractiveness of mountainous destinations：A case study of the Aures Mountains in Algeria[J].Sustainability，2022，14（20）：13045.

[114] Zhang Q F，Zhang H，Xu H G. Health tourism destinations as therapeutic landscapes：understanding the health perceptions of senior seasonal migrants[J]. Social Science & Medicine，2021，279（13）：1-10.

[115] Zhu Z. ICT adoption and tourism consumption among rural residents in China[J]. Tourism Economics，2022，12（6）：11-14.

[116] Zhuang Q. Rural landscape characterization from the perspective of the tourist using online reviews：A case study of Yayou Gou Village in Shandong，China[J]. Frontiers in Environmental Science，2022，12（10）：43-45.

[117] 鲍佳琪，黄震方，余润哲，等 . 乡村旅游地居民关系嵌入对亲旅游行为意向的影响机制 [J]. 南京师大学报（自然科学版），2023，46（3）：31-41.

[118] 曹云，孙应龙，吴门新 . 近 50 年京津冀气候舒适度的区域时空特征分析 [J]. 生态学报，2019，39（20）：7567-7582.

[119] 柴寿升，朱新芝，朱尧 . 旅游节庆活动客源市场需求时空演变及影响因素研究：基于百度指数的实证分析 [J]. 山东大学学报（哲学社会科学版），2023（4）：26-36.

[120] 陈国平，边二宝，李呈娇 . 服务补救中自我调节导向对顾客感知公平的调节作用：基于旅行社的实证研究 [J]. 旅游学刊，2012，27（8）：53-

59.

[121] 陈建波，明庆忠，娄思远，等.山地城市健康旅游资源及开发策略研究：以重庆市主城区为例 [J].西南师范大学学报（自然科学版），2016，41（10）：75-80.

[122] 陈静.模糊数学方法在旅游吸引力评价中的应用 [J].浙江大学学报（理学版），2021，48（1）：118-123.

[123] 陈勤昌，王兆峰.康复性景观理论下中国康养旅游发展潜力评估及其障碍因素 [J].地理与地理信息科学，2024，40（1）：134-141.

[124] 陈炜.广西少数民族特色村寨非物质文化遗产传承影响因素：基于利益相关者理论 [J].社会科学家，2017（1）：96-102.

[125] 陈霄，石强，陈婉欣.中国游客对游艇旅游的感知与吸引力研究 [J].经济地理，2021，41（11）：218-224.

[126] 陈小琴，陈贵松.森林康养公众认知、情感对行为意向的影响研究 [J].林业经济问题，2020，40（4）：412-418.

[127] 陈心仪.我国森林康养产业发展现状与展望 [J].山西财经大学学报，2021，43（增刊 1）：50-52.

[128] 陈宇，岳游松.中国体育旅游景区效率时空格局与影响因素 [J].干旱区资源与环境，2024，38（3）：152-160.

[129] 程励，王美玉，唐凤莲，等.红色旅游情境下的情感触点、情感反应与游客认同：基于 5 个红色旅游景区样本的实证研究 [J].旅游学刊，2023，38（7）：52-69.

[130] 程绍文，张晓梅，胡静.神农架国家公园社区居民旅游感知与旅游参与意愿研究 [J].中国园林，2018，34（10）：103-107.

[131] 程云，殷杰.新冠肺炎疫情是否激发了康养旅游意愿？：一个条件过程模型的检验 [J].旅游学刊，2022，37（7）：119-132.

[132] 丛丽，张玉钧.对森林康养旅游科学性研究的思考 [J].旅游学刊，2016，31（11）：6-8.

[133] 代锋，林文亮，文多.憩园：城市居住区游园景观设计 [J].世界林业研究，2022，35（2）：148.

[134] 丁蕾，赵倩倩．旅外华人赴华旅游的动机："推－拉"理论的视角 [J]．华侨大学学报（哲学社会科学版），2020，141（6）：43-55.

[135] 杜宏武，李树华，姜斌，等．健康城市与疗愈环境 [J]．南方建筑，2022（3）：1-8.

[136] 付强强，金花，李丽，等．主动健康视角下健康素养测评工具的研究现状及其对我国的启示 [J]．中国全科医学，2022，25（31）：3933-3943.

[137] 高凤莲，王志强．"董秘"社会资本对信息披露质量的影响研究 [J]．南开管理评论，2015，18（4）：60-71.

[138] 耿藤瑜，傅红，曾雅婕，等．森林康养游憩者场所感知与健康效益评估关系研究：以成都龙泉山城市森林公园为例 [J]．林业经济，2021，43（3）：21-36.

[139] 管婧婧，程诗韵，董雪旺．地方性知识、主客互动与居民幸福感：对江郎山世界自然遗产地的实证研究 [J]．热带地理，2022，42（10）：1690-1700.

[140] 郭安禧，郭英之，梁丽芳，等．古镇旅游地居民旅游影响感知对支持旅游开发的影响：信任旅游开发公司的调节作用 [J]．世界地理研究，2019，28（6）：178-188.

[141] 郭安禧，王松茂，李海军，等．居民旅游影响感知对支持旅游开发影响机制研究：社区满意和社区认同的中介作用 [J]．旅游学刊，2020，35（6）：96-108.

[142] 郭华，陈丽如，马文秀．乡村旅游小微企业间知识转移的动力因素与作用机理：基于扎根理论的探索性研究 [J]．旅游学刊，2023，38（4）：52-65.

[143] 郭金森，周永务，任鸣鸣，等．公平偏好下双渠道旅游供应链运作策略研究 [J]．数学的实践与认识，2019，49（13）：109-119.

[144] 韩国圣，吴佩林，黄跃雯，等．山地旅游发展对社区居民的去权与形成机制：以安徽天堂寨旅游区为例 [J]．地理研究，2013，32（10）：1948-1963.

[145] 何莽，张紫雅，黎耀奇，等．居民感知价值对康养旅游支持行为的影响

研究：基于情绪评价理论的视角 [J]. 旅游科学，2022，36（4）：18-41.

[146] 何小芊，刘宇，吴发明. 基于百度指数的温泉旅游网络关注度时空特征研究 [J]. 地域研究与开发，2017，36（1）：103-108，124.

[147] 何学欢，胡东滨，粟路军. 旅游地居民感知公平、关系质量与环境责任行为 [J]. 旅游学刊，2018，33（9）：117-131.

[148] 和天娇，何琪潇，谭少华. 城市蓝色空间促进老年健康的规划路径研究 [J]. 南方建筑，2022（5）：54-63.

[149] 贺宏斌，孙然好，段兴武. 城市景观影响人居环境健康的研究进展 [J]. 生态学杂志，2022，41（2）：361-370.

[150] 侯胜田，于海宁，杨思秋. 中医药服务贸易阻碍因素及发展策略研究概况 [J]. 中国中医药信息杂志，2019，26（4）：5-9.

[151] 胡静轩，彭菲，努尔买买江·库来西，等. 长江经济带康养旅游示范基地的时空演变特征及驱动机制研究 [J]. 西北师范大学学报（自然科学版），2023，59（3）：62-70.

[152] 胡翔，付红桥. 旅游产业与省域经济耦合协调发展的实证：以海南省为例 [J]. 统计与决策，2022，38（12）：79-82.

[153] 黄洁，吴赞科. 目的地居民对旅游影响的认知态度研究：以浙江省兰溪市诸葛、长乐村为例 [J]. 旅游学刊，2003（6）：84-89.

[154] 黄力远，徐红罡. 巴马养生旅游：基于康复性景观理论视角 [J]. 思想战线，2018，44（4）：146-155.

[155] 黄清燕，白凯，杜涛. 旅游地日常生活的康复性意义研究：以丽江古城为例 [J]. 旅游学刊，2022，37（2）：14-30.

[156] 黄燕玲，罗盛锋. 少数民族地区居民对农业旅游影响的感知研究：以广西恭城瑶族自治县红岩新村为例 [J]. 广西民族研究，2008（2）：197-205.

[157] 黄雨婷，王华，樊志敏，等. 江苏省中医药文化旅游现状及发展研究 [J]. 中国中医药信息杂志，2018，25（6）：6-8.

[158] 贾衍菊，李昂，刘瑞，等. 乡村旅游地居民政府信任对旅游发展支持度的影响：地方依恋的调节效应 [J]. 中国人口·资源与环境，2021，31（3）：

171-183.

[159] 金媛媛，王淑芳.乡村振兴战略背景下生态旅游产业与健康产业的融合发展研究 [J].生态经济，2020，36（1）：138-143.

[160] 赖文波，蒋璐韩，谢超，等.健康中国视角下我国医院景观研究进展：基于 Citespace 的可视化分析 [J].城市发展研究，2021，28（4）：114-124.

[161] 郎富平，于丹.养老型乡村旅游社区可持续发展研究 [J].云南民族大学学报（哲学社会科学版），2021，38（1）：120-125.

[162] 雷海清，支英豪，张冰，等.森林康养对老年高血压患者血压及相关因素的影响 [J].西部林业科学，2020，49（1）：46-52.

[163] 李东娟，熊胜绪.基于生态伦理观的旅游企业生态伦理践行：以民族地区为观察视角 [J].中南民族大学学报（人文社会科学版），2011，31（2）：46-49.

[164] 李会云.城市旅游吸引力影响因素综合分析：基于面板数据的实证研究 [J].广西民族大学学报（哲学社会科学版），2011，33（3）：145-150.

[165] 李济任，许东.基于 AHP 与模糊综合评价法的森林康养旅游开发潜力评价：以辽东山区为例 [J].中国农业资源与区划，2018，39（8）：135-142，169.

[166] 李济任，许东.森林康养旅游评价指标体系构建研究 [J].林业经济，2018，40（3）：28-34.

[167] 李莉，陈雪钧.康养旅游产业环境创新发展的动力因素研究：基于共享经济视角 [J].技术经济与管理研究，2021（4）：36-40.

[168] 李莉，陈雪钧.康养旅游产业环境创新发展的影响因素研究 [J].企业经济，2020，39（7）：116-122.

[169] 李莉，陈雪钧.中国康养旅游产业环境的发展历程、演进规律及经验启示 [J].社会科学家，2020（5）：74-78，90.

[170] 李凌雁，翁钢民.中国旅游与交通发展耦合性分析及时空格局演变研究 [J].统计与决策，2020，36（2）：62-66.

[171] 李凌雁，杨婉婷，梁杰.长江经济带康养旅游吸引力时空演变及因子解

释力分析 [J]. 长江流域资源与环境，2024，33（4）：758-772.

[172] 李凌雁，赵欣，翁钢民. 旅游高峰期交通流量的多时间尺度预测方法及应用 [J]. 计算机应用研究，2020，37（3）：721-725.

[173] 李俏，陶莉. 农村康养产业发展的理论阐释、多元实践与政策协同 [J]. 南京农业大学学报（社会科学版），2023，23（3）：129-140.

[174] 李秋成，周玲强，范莉娜. 社区人际关系、人地关系对居民旅游支持度的影响：基于两个民族旅游村寨样本的实证研究 [J]. 商业经济与管理，2015，281（3）：75-84.

[175] 李维安，王世权. 利益相关者治理理论研究脉络及其进展探析 [J]. 外国经济与管理，2007（4）：10-17.

[176] 李伟成，楼毅，郑彦超. 森林康养共享模式下生态环境及资源优化研究 [J]. 环境监测管理与技术，2021，33（5）：21-25.

[177] 李祥臣，俞梦孙. 主动健康：从理念到模式 [J]. 体育科学，2020，40（2）：83-89.

[178] 李秀云，李俊杰，康丽滢. 基于八要素模型的京津冀森林康养基地评价及承德策略 [J]. 经济研究参考，2017（47）：71-79.

[179] 李英，韩强，安颖. 城市居民森林康养意愿的影响因素 [J]. 东北林业大学学报，2020，48（12）：70-74.

[180] 李钰. 云南康养旅游产业链与创新链融合发展 [J]. 旅游学刊，2023，38（1）：11-14.

[181] 李智慧，王凯，余芳芳，等. 中国旅游业碳排放—旅游经济—生态环境条件耦合协调时空分异研究 [J]. 地理与地理信息科学，2022，38（6）：110-118.

[182] 林强，陈林，甯清万，等. 不同主导力量下考虑公平偏好的旅游供应链定价策略 [J]. 工业工程，2020，23（1）：87-95.

[183] 林强，魏光兴. 基于公平偏好的旅游服务供应链定价决策与契约协调 [J]. 旅游刊，2018，33（4）：59-69.

[184] 刘昌雪. 农民对农村发展旅游业的认知与态度研究：以皖南古村落西递和宏村为例 [J]. 商业研究，2008（9）：164-169.

[185] 刘丹萍，金程. 旅游中的情感研究综述 [J]. 旅游科学，2015，29（2）：74-85.

[186] 刘浩然，陈欣雅，陈谦峰. 江西省中医药健康产业现状与发展策略研究 [J]. 中国卫生经济，2024，43（3）：57-60.

[187] 刘婧倩，时朋飞，李星明. 康养旅游产业耦合发展模式研究：基于审美体验的视角 [J]. 企业经济，2023，42（5）：94-103.

[188] 刘静艳，Bruce Tracey，颜亮. 旅游地居民对旅游业发展认知及影响因素研究 [J]. 学术研究，2006（4）：64-69.

[189] 刘静艳，李玲. 公平感知视角下居民支持旅游可持续发展的影响因素分析：以喀纳斯图瓦村落为例 [J]. 旅游科学，2016，30（4）：1-13.

[190] 刘静艳. 从系统生态学角度透视生态旅游利益相关者结构 [J]. 旅游学刊，2006，21（5）：17-21.

[191] 刘珏，李蔚东，么鸿雁，等. 主动健康研究进展与展望 [J]. 中国预防医学杂志，2023，24（7）：750-752.

[192] 刘丽佳，田洋，刘思羽，等. 森林康养基地服务的消费者需求类型研究：基于卡诺模型及顾客满意度与不满意度系数分析 [J]. 林业经济，2021，43（4）：83-96.

[193] 刘楠，魏云洁，郑姚闽，等. 北京市森林康养旅游空间适宜性评价 [J]. 地理科学进展，2023，42（8）：1573-1586.

[194] 刘琪，何韶华，田璞玉，等. 城乡医疗保险统筹如何影响农村老年人的幸福感？：来自 CHARLS 数据的证据 [J]. 财经理论与实践，2022，43（4）：43-50.

[195] 刘拓，何铭涛. 发展森林康养产业是实行供给侧结构性改革的必然结果 [J]. 林业经济，2017，39（2）：39-42，86.

[196] 刘小同，刘人怀，文彤，等. 认同与支持：居民对旅游演艺地方性感知的后效应 [J]. 旅游学刊，2021，36（5）：42-54.

[197] 刘晓农. 我国温泉旅游的发展路径 [J]. 湖南科技大学学报（社会科学版），2019，22（6）：179-184.

[198] 刘亚，龙立荣，李晔. 组织公平感对组织效果变量的影响 [J]. 管理世界，

2003（3）：126-132.

[199] 刘雁琪，邓高松.我国国家公园开展森林康养的现状与对策 [J]. 林产工业，2021，58（8）：93-96，99.

[200] 刘雨婧，唐健雄.长江经济带旅游业发展质量评价及其时空演变 [J]. 经济地理，2022，42（4）：209-219.

[201] 龙春凤，柴寿升.情感凝聚对目的地居民亲旅游行为的影响研究：基于多重中介作用模型 [J]. 资源开发与市场，2021，37（8）：1017-1024.

[202] 卢慧娟，李享.基于 IPA 分析法的民宿旅游吸引力研究：以北京城市核心区四合院民宿为例 [J]. 地域研究与开发，2020，39（1）：112-117.

[203] 卢松，张捷，李东和，等.旅游地居民对旅游影响感知和态度的比较：以西递景区与九寨沟景区为例 [J]. 地理学报，2008（6）：646-656.

[204] 卢文云，张伟国，黄忠明.主动健康视阈下我国体医融合健康促进体系优化研究 [J]. 天津体育学院学报，2023，38（6）：703-711.

[205] 陆利军，李浪，李成家，等.省域国家森林公园网络关注度与旅游吸引力动态耦合协调关系 [J]. 经济地理，2022，42（3）：150-159.

[206] 陆林.旅游地居民态度调查研究：以皖南旅游区为例 [J]. 自然资源学报，1996（4）：377-382.

[207] 吕宛青，葛绪锋.社区旅游经营者社会责任：驱动因素与表现形式：基于社会资本理论的视角 [J]. 思想战线，2020，46（5）：156-164.

[208] 吕宛青，汪熠杰.基于心理账户的乡村旅游地居民环境责任行为演化与促进研究 [J]. 旅游科学，2023，37（1）：23-42.

[209] 潘立新，张可，晋秀龙.旅游经济视域下温泉旅游网络关注度实证研究 [J]. 经济问题探索，2021（2）：156-166.

[210] 潘洋刘，曾进，刘苑秋，等.基于不同类型的森林康养资源评价研究 [J]. 林业经济问题，2018，38（6）：8388，110.

[211] 潘洋刘，曾进，文野，等.森林康养基地建设适宜性评价指标体系研究 [J]. 林业资源管理，2017（5）：101-107.

[212] 潘洋刘，徐俊，胡少昌，等.基于 SWOT 和 AHP 分析的森林康养基地建设策略研究：以江西庐山国家级自然保护区为例 [J]. 林业经济，

2019，41（3）：40-44，59.

[213] 彭建，王剑.旅游研究中的三种社会心理学视角之比较 [J].旅游科学，2012，26（2）：1-9，28.

[214] 任宣羽.康养旅游：内涵解析与发展路径 [J].旅游学刊，2016，31（11）：1-4.

[215] 石清华.乡村产业现代化：支撑要素、模式选择及未来路径 [J].学术交流，2023（10）：97-106.

[216] 司建平，王先菊.中医药健康旅游消费认知调查研究：以河南为例 [J].中国卫生事业管理，2020，37（3）：237-240.

[217] 宋娜，周旭瑶，唐亦博，等.基于 DEMATELISMMICMAC 法的康养旅游资源评价指标体系研究 [J].生态经济，2020，36（5）：128-134.

[218] 苏勤，林炳耀.基于态度与行为的我国旅游地居民的类型划分：以西递、周庄、九华山为例 [J].地理研究，2004（1）：104-114.

[219] 孙凤芝，贾衍菊.旅游社区居民感知视角下政府信任影响因素：社会交换理论的解释 [J].北京理工大学学报（社会科学版），2020，22（4）：90-99.

[220] 孙盼盼，李勇坚，李子璇.地方政府行为对旅游产业全要素生产率的影响机制 [J].华侨大学学报（哲学社会科学版），2021（3）：45-58.

[221] 谭娜，万金城，程振强.红色文化资源、旅游吸引与地区经济发展 [J].中国软科学，2022（1）：76-86.

[222] 唐健雄，陈宁，马梦瑶，等.长株潭城市群康养旅游地空间结构及其差异 [J].陕西师范大学学报（自然科学版），2019，47（3）：115-124.

[223] 唐文跃，龚晶晶，赵多平，等.旅游目的地社区居民相对剥夺感研究回顾与展望 [J].人文地理，2021，36（6）：19-27.

[224] 滕汉书，毕银丽，王金叶，等.基于合作博弈的旅游用地利益相关者决策行为分析 [J].桂林理工大学学报，2021，41（1）：238-246.

[225] 田广增.我国中医药旅游发展探析 [J].地域研究与开发，2005（6）：82-85.

[226] 完颜邓邓，王子健，陈晓婷.公共文化场馆旅游吸引力评价及旅游功能

开发策略 [J]. 图书馆建设，2021，309（3）：133-142.

[227] 万龙，陈池波. 温泉旅游产业可持续发展评价指标体系构建 [J]. 统计与决策，2018，34（9）：62-65.

[228] 汪京强，郭茜雅，谢朝武. 灾后旅游地环境风险对旅游吸引力要素的溢出效应：基于游客对九寨沟地震的感知视角 [J]. 华侨大学学报（哲学社会科学版），2021，142（1）：32-43，75.

[229] 王纯阳，屈海林. 村落遗产地社区居民旅游发展态度的影响因素 [J]. 地理学报，2014，69（2）：278-288.

[230] 王纯阳. 村落遗产地利益相关者界定与分类的实证研究：以开平碉楼与村落为例 [J]. 旅游学刊，2012，27（8）：88-94.

[231] 王峰，明庆忠. 旅游创意及其实现机理：基于云南省旅游品牌景区的案例聚焦 [J]. 资源开发与市场，2014，30（3）：342-345，349.

[232] 王建明. 环境情感的维度结构及其对消费碳减排行为的影响：情感 - 行为的双因素理论假说及其验证 [J]. 管理世界，2015（12）：82-95.

[233] 王璟，张春晖. 自然旅游地感知环境美学质量对游客积极情绪的影响：多重中介模型研究 [J]. 旅游学刊，2022，37（7）：80-94.

[234] 王克岭，李刚. 乡村旅游利益相关者冲突及互惠型治理机制：基于共生理论的探讨 [J]. 社会科学家，2023（2）：53-58，80.

[235] 王立国，宋薇，黄志萍. 旅游感知价值与地方认同对乡村旅游偏好行为的影响研究 [J]. 西北师范大学学报（自然科学版），2023，59（4）：94-101.

[236] 王璐，吴忠军. 桂林旅游产业生态化转型：内涵、困境与思路：以生态文明为视角 [J]. 社会科学家，2020（10）：48-53.

[237] 王铭杰，孟凯，张世泽，等. 乡村性和乡村旅游吸引力：基于游客感知视角的要素结构辨识和认知机制解析 [J]. 热带地理，2021，41（6）：1325-1337.

[238] 王湉，邝家麒. 社区参与何以影响高质量景区创建？：基于黄姚古镇创5A 田野调查数据的质性分析 [J]. 旅游科学，2022，36（2）：86-100.

[239] 王亚，曾彬. 城市运动公园康复性景观设计 [J]. 世界林业研究，2022，

35（2）：147.

[240] 王仪，崔诗唯，张赟，等.旅游目的地宣传片对居民增权和旅游支持的影响 [J].山西财经大学学报，2022，44（增刊2）：16-18.

[241] 王咏，陆林.基于社会交换理论的社区旅游支持度模型及应用：以黄山风景区门户社区为例 [J].地理学报，2014，69（10）：1557-1574.

[242] 王兆峰，史伟杰，苏昌贵.中国康养旅游地空间分布格局及其影响因素 [J].经济地理，2020，40（11）：196-207.

[243] 王兆峰，向秋霜.基于 MOA 模型的武陵山区社区居民参与旅游扶贫研究 [J].中央民族大学学报（哲学社会科学版），2017，44（6）：94-102.

[244] 魏卫."美丽中国"国家形象的国际旅游吸引力研究 [J].社会科学家，2020，281（9）：8-14.

[245] 温煜华，齐红梅.甘肃省温泉旅游地开发适宜性评价 [J].西北师范大学学报（自然科学版），2017，53（3）：128-134.

[246] 翁钢民，李凌雁.中国旅游与文化产业融合发展的耦合协调度及空间相关分析 [J].经济地理，2016，36（1）：178-185.

[247] 翁瑾，杨开忠.旅游系统的空间结构：一个具有不对称特点的垄断竞争的空间模型 [J].系统工程理论与实践，2007（2）：76-82.

[248] 吴建兴，吴茂英，郭英之，等.旅游地居民环境责任行为研究进展与展望 [J].旅游学刊，2023，38（11）：140-152.

[249] 谢灯明，何彪，蔡江莹，等.森林康养潜在游客感知风险对行为意向影响研究 [J].林业经济问题，2020，40（1）：66-71.

[250] 谢灯明，何彪，蔡江莹，等.森林康养潜在游客的行为意向研究：基于计划行为理论视角 [J].林业经济，2019，41（3）：33-39，71.

[251] 谢文彩，李星明，向兴，等.武汉市康养旅游地空间布局及其优化研究 [J].华中师范大学学报（自然科学版），2018，52（1）：147-154.

[252] 谢晓红，郭倩，吴玉鸣.我国区域性特色小镇康养旅游模式探究 [J].生态经济，2018，34（9）：150-154.

[253] 谢新.西南地区森林旅游现状及发展研究 [J].西部林业科学，2020，49（4）：142-146.

[254] 胥兴安，孙凤芝，王立磊．居民感知公平对社区参与旅游发展的影响研究：基于社区认同的视角 [J]．中国人口·资源与环境，2015，25（12）：113-120．

[255] 胥兴安，王立磊，张广宇．感知公平、社区支持感与社区参与旅游发展关系：基于社会交换理论的视角 [J]．旅游科学，2015，29（5）：14-26．

[256] 徐虹，于海波．大健康时代旅游康养福祉与旅游康养产业创新 [J]．旅游学刊，2022，37（3）：10-12．

[257] 徐一帆，张宏磊，田原，等．交通系统对旅游空间结构影响研究进展与展望 [J]．旅游科学，2020，34（3）：32-46．

[258] 许振晓，张捷，Geoffrey Wall，等．居民地方感对区域旅游发展支持度影响：以九寨沟旅游核心社区为例 [J]．地理学报，2009，64（6）：736-744．

[259] 宣国富，陆林，章锦河，等．海滨旅游地居民对旅游影响的感知：海南省海口市及三亚市实证研究 [J]．地理科学，2002（6）：741-746．

[260] 薛宝琪．黄河流域旅游经济与环境条件时空耦合研究 [J]．河南师范大学学报（自然科学版），2022，50（5）：94-103．

[261] 晏琪，刘苑秋，文野，等．基于因子分析的森林康养空间评价指标体系研究 [J]．中国园林，2020，36（1）：81-86．

[262] 杨德进，徐虹．京津冀区域旅游协同发展：健康价值视角 [J]．旅游学刊，2023，38（5）：1-3．

[263] 杨红，夏茂生．基于动态演化博弈的康养旅游产业融合演化机制及路径研究 [J]．云南财经大学学报，2022，38（7）：100-110．

[264] 杨萍．社会力量参与乡村旅游基础设施建设的社会责任及其实现方式研究 [J]．农业经济，2020（4）：49-51．

[265] 杨兴柱，吴瀚，殷程强，等．旅游地多元主体参与治理过程、机制与模式：以千岛湖为例 [J]．经济地理，2022，42（1）：199-210．

[266] 杨旭，任宇婷，张书凝，等．乡村振兴背景下非遗旅游利益相关者的共生模式研究：以丹寨万达小镇为例 [J]．资源开发与市场，2024，40（2）：292-302．

[267] 杨懿，刘青. 体验式温泉旅游开发路径研究 [J]. 中国人口·资源与环境，2015，25（增刊 1）：86-90.

[268] 尹文娟，潘志华，潘宇鹰，等. 中国大陆人居环境气候舒适度变化特征研究 [J]. 中国人口·资源与环境，2018，28（增刊 1）：5-8.

[269] 于敏捷，周建华. 政策支持可以帮助乡村旅游经营户恢复信心吗？不确定环境下政策效应研究 [J]. 生态经济，2023，39（8）：129-135.

[270] 张贝尔，黄晓霞. 康养旅游产业环境适宜性评价指标体系构建及提升策略 [J]. 经济纵横，2020（3）：78-86.

[271] 张彩红，薛伟，辛颖，等. 基于层次分析法的贵州玉舍国家森林公园休养地适宜度评价 [J]. 南京林业大学学报（自然科学版），2020，44（2）：215-219.

[272] 张彩红，薛伟，辛颖. 玉舍国家森林公园康养旅游可持续发展因素分析 [J]. 浙江农林大学学报，2020，37（4）：769-777.

[273] 张大钊，曾丽. 旅游地居民相对剥夺感的应对方式理论模型 [J]. 旅游学刊，2019，34（2）：29-36.

[274] 张广海，袁洪英，段若曦，等. 中国高等级旅游景区资源多尺度时空差异及其影响因素 [J]. 自然资源学报，2022，37（10）：2672-2687.

[275] 张红贤，游细斌，白伟杉，等. 目的地旅游吸引力测算及相关因素分析 [J]. 经济地理，2018，38（7）：199-208.

[276] 张骏，卢凤萍，古风. 长三角城市连绵区旅游吸引力体系研究 [J]. 商业研究，2013（9）：173-179.

[277] 张倩倩，金花，史晓晓，等. 我国主动健康的实施现状及对各责任主体实施策略的建议 [J]. 中国全科医学，2022，25（31）：3923-3927，3932.

[278] 张信得，张云彬，陈浩. 乡村振兴背景下旅游资源型特色小镇发展路径研究：以巢湖半汤温泉小镇为例 [J]. 江苏农业学报，2020，36（1）：219-226.

[279] 张雁，梁惠淋，王杰. 乡村振兴战略视角下财政政策对广东省乡村旅游业发展影响研究 [J]. 农业经济，2022（10）：90-91.

[280] 张毅，蒋孝融，高一钊，等. 基于链接测度旅游景区吸引力 [J]. 地理与

地理信息科学，2012，28（1）：106-110.

[281] 张英杰，曾迎香，张金珠，等 . 首批国家森林小镇建设试点的实践进展分析 [J]. 林业经济，2019，41（9）：99-105.

[282] 赵恒伯，张彪，吴海波，等 . 中医药康养旅游产业发展模式与路径探析 [J]. 企业经济，2022，41（9）：153-160.

[283] 赵杨，孙秀亭 . 我国沿海地区康养旅游产业创新发展研究：以秦皇岛市为例 [J]. 城市发展研究，2020，27（6）：24-28.

[284] 郑浏香，罗盛锋，黄燕玲 . 民族地区社区增权对居民旅游参与意愿的影响 [J]. 旅游研究，2023，15（2）：1-13.

[285] 周功梅，宋瑞，刘倩倩 . 国内外康养旅游研究评述与展望 [J]. 资源开发与市场，2021，37（1）：119-128.

[286] 周卫，聂晓嘉，池梦薇，等 . 森林康养消费者情绪状态对身心健康恢复的影响 [J]. 林业经济，2020，42（9）：53-62.

[287] 周学军，向林娟，雷彩霞 . 社会交换理论视角下的网红旅游目的地游客环境友好行为研究 [J]. 干旱区资源与环境，2023，37（12）：172-181.

[288] 朱浩，王良文，林秀芳 . 主动健康视角下城市社区医养结合服务模式创新及其发展路径：以上海、青岛和杭州为例 [J]. 社会保障研究，2022，84（5）：3-13.

[289] 朱鹤，刘家明，陶慧，等 . 基于网络信息的北京市旅游资源吸引力评价及空间分析 [J]. 自然资源学报，2015，30（12）：2081-2094.

[290] 朱中原，王蓉，胡静，等 . 基于网络信息的江西省乡村旅游地吸引力评价及空间分析 [J]. 长江流域资源与环境，2020，29（8）：1713-1722.

后　记

在新时代背景下，以良好的自然生态环境、人文社会环境条件为基础，追求身心健康的康养旅游形式受到越来越多人的喜爱，康养旅游也迎来了新的发展机遇。党的二十大报告强调要"推进健康中国建设"。《"健康中国2030"规划纲要》也指出，应"积极促进健康与养老、旅游、互联网、健身休闲、食品融合，催生健康新产业、新业态、新模式"。随着人们生活水平的提高，以及老龄化、亚健康问题的日趋严峻，康养旅游作为旅游产业的新兴业态迅速发展，在提高人们幸福指数、恢复身体和精神的良好状态方面起到重要作用，而康养旅游目的地具有的有关健康恢复和疗养作用的要素正与这些重要作用相契合，也是对旅游者形成康养旅游吸引力的重要来源。对于康养旅游吸引力的研究有助于目的地有针对性地提升自身康养旅游发展水平，在更大区域范围内发挥特色、协调发展。但现阶段，康养旅游发展水平参差不齐，推进康养旅游高质量发展、提升康养旅游吸引力成为当务之急。目前从学科理论和产业实践来看，有关康养旅游吸引力的研究均尚不完善，缺乏系统的理论构建和定量研究。探明康养旅游吸引力的构成体系对于康养旅游研究框架的完善具有重要的理论价值。

本书正是在这样的背景下开展理论和实证研究，在系统梳理康养旅游相关研究及理论的基础之上，结合康复性景观理论深入探讨康养旅游吸引力的关键要素，构建了康养旅游吸引力评价模型和详细量化指标体系，对康养旅游吸引力进行了定量分析，并选择典型案例区进行实证研究，对其康养旅游吸引力的时空变化规律进行分析，以此探索区域康养旅游吸引力的空间分布格局，并利用泰尔指数和重心模型来识别康养旅游吸引力的空间关系和空间演变规律。此外，通过地理探测器模型，对康养旅游吸引力的关键因子解释力进行深入探究，并进一步针对能够对提升康养旅游吸引力起到关键作用的主要利益相关者的康养旅游支持行为进行分析，构建研究假设，结合认知－情感－行为理论、社会交换理论、公平理论和主动健康理论等构建模型、设计量表，通过问卷调查获取数据，进行假设检验，探究利益相关者支持行为的路径和影响因素。最终结合康养旅游吸引力关键因子和利益相关者支持行为机理，提出康养旅游吸引力的优化策略，以期为促进康养旅游的高质量发展、康养旅游吸引力的提升提供决策参考。

现阶段国内对康复性景观理论的研究相对较少，康养旅游吸引力的评价指标体系构建尚不完善。康复性景观对健康的积极作用，能够满足康养旅游者对健康环境的追求，康复性景观理论也对康养旅游吸引力的研究具有有力的支撑作用。因此，本书将康复性景观理论引入康养旅游的研究之中，以此为基础对康养旅游吸引力进行分析。从康养旅游目的地的供给侧出发，利用定量的指标数据，构建康养旅游吸引力的评价模型、指标体系、康养旅游目的地居民感知和康养旅游支持行为关系模型，从时间、空间以及利益相关者角度对康养旅游吸引力的演变特征和利益相关者支持行为的影响因素进行探究，丰富了康养旅游的相关研究，也丰富了康养旅游吸引力分析的理论基础。

当然，康养旅游的研究是涉及多学科、多理论的交叉命题，结合不同的研究视角和不同的案例地，其研究内容和侧重点均会有所不同。康养旅游产业的发展问题也会随着自然生态环境、人文社会背景以及供求双方的利益诉求的变化而不断改变。关于提升康养旅游吸引力，本书的研究只揭示了冰山一角，也存在诸多不足，该领域未来还有十分广阔的研究空间，值得我们不断深入挖掘和探究。希望本书能够为未来康养旅游的研究提供一个新的思路，起到一定借鉴作用。

燕山大学旅游管理专业拥有首批国家级一流本科专业、教育部特色专业、河北省本科教育创新高地、河北省品牌特色专业、河北省综合改革试点专业、党支部获批全国党建工作样板支部、获得河北省先进基层党组织等荣誉称号，不忘初心，牢记使命，在旅游研究方面孜孜不倦、不断探索，勇于攻坚克难，创新科学研究，基于"新文科"要求，围绕国家经济社会发展重大问题、行业发展及地方实际发展需求，开展深入科学研究、考察调研和服务咨询，承担国家级、省部级科研项目100余项，开展大量横向咨询服务课题，解决文旅产业发展实际难题，培养出众多旅游管理专业高端行业人才和科研人才，学科科研氛围浓厚、设施资料齐全，为旅游研究创造了良好的基础条件和科研环境。正是在这样的条件下本书完成了选题的确立、研究设计的制定、不断的修改完善和最终的顺利完稿。本书要感谢燕山大学旅游系的支持、经济管理学院的帮助以及学校的大力支持，感谢所有配合调研和访问的部门、相关工作人员及居民等，是他们的帮助使得本书所需数据和资料得以顺利获取和收集。感谢本书引用的所有著作、文献和相关参考资料的作者，正是在他们的研究基础上才有了本书这一成果！还要感谢所有参与本书撰写的作者们，正是有了大家的努力，才有了本书的顺利完成！感谢出版社的鼎力支持，才有了本书的顺利出版！

　　康养旅游是一个多产业、多元素融合发展的综合业态，涉及健康、养生、养老、美容、康复、体育、卫生、医疗、中药、膳食、营养等众多要素，关注人们的心理、身体和精神等多个维度的健康。其理论体系十分丰富庞杂，内在机理涉及多学科的理论支撑，众多问题仍需要不断梳理和深入探究，本书的研究还远远不足。仅希望以本书的探索引起更多学术同行对于康养旅游的关注，将康养旅游研究推向更高的理论层面，进一步促进康养旅游研究框架的丰富和完善。未来课题组也将继续深入探究康养旅游的相关问题，进一步揭示康养旅游发展的内在机理，完善理论研究体系，丰富实证研究内容，创新交叉研究视角，为康养旅游的高质量发展提供指导和参考。